赛艇运动教程

主　编　周意男
副主编　于正直 林秋华 叶宇

同濟大學出版社
TONGJI UNIVERSITY PRESS
·上海·

图书在版编目(CIP)数据

赛艇运动教程 / 周意男主编 ；于正直，林秋华，叶宇副主编. --上海：同济大学出版社，2025.7.
ISBN 978-7-5765-1717-0

Ⅰ. G861.42

中国国家版本馆 CIP 数据核字第 2025Z8C316 号

同济大学“十四五”规划教材

赛艇运动教程

SAITING YUNDONG JIAOCHENG

主编 周意男 **副主编** 于正直 林秋华 叶宇

责任编辑 陆克丽霞 **责任校对** 徐逢乔 **封面设计** 于思源

出版发行 同济大学出版社 www.tongjipress.com.cn
(地址:上海市四平路 1239 号 邮编:200092 电话:021-65985622)
经　　销 全国各地新华书店
排　　版 南京文脉图文设计制作有限公司
印　　刷 上海新华印刷有限公司
开　　本 787mm×1092mm 1/16
印　　张 5.75
字　　数 110 000
版　　次 2025 年 7 月第 1 版
印　　次 2025 年 7 月第 1 次印刷
书　　号 ISBN 978-7-5765-1717-0

定　　价 48.00 元

编 委 会

主　　编　周意男

副 主 编　于正直　林秋华　叶　宇

参编人员　迟焕祺　孙　健　常勇平　高　超　王培善

赵鸿儒　李　艺　梅译丹　张轩铭　殷　瑛

王梓飏　沙亦鹏　刘英杰　李亚辰

前　言

同济大学以习近平新时代中国特色社会主义思想为指导，全面贯彻党的教育方针，落实立德树人根本任务，着力构建“一流专业”“一流课程”引领“一流教材”建设、“一流教材”建设支撑“一流专业”“一流学科”的良性发展格局，逐步打造彰显同济特色、引领学术前沿的世界一流教材体系，从而切实满足新时代高质量人才培养要求。

在快速发展的现代社会，人们对体育运动的需求日益增长。而在众多的体育项目中，赛艇运动作为一项古老且极具挑战性的项目，一直备受人们的喜爱。尽管越来越多的人开始关注和了解赛艇运动，但是该项运动的普及和推广依然面临着一定的困难。

为此，我们特意编写了这本《赛艇运动教程》，旨在帮助读者了解赛艇运动的起源和发展历史，掌握赛艇技术和相关设备知识，了解赛艇的保养与维修方式，以及学习如何在赛艇运动中保障个人与团队的安全。

本书系统介绍了赛艇运动的相关知识，并提供专业的技术指导和安全警示，以便让读者能够充分领略赛艇运动的独特魅力。此外，书中还分享了国内外高校赛艇俱乐部的管理经验，从而为读者提供一些实用的建议和参考。

本书具有以下特色：

(1) 标准化的教学体系：包括基础技术训练、进阶技术应用和比赛策略等内容，有助于提升师生组织和管理能力。

(2) 精准的技术指导：针对不同级别的学习者，提供适配的技术指导与反馈；同时，引入数字化的教学手段，例如完整的动作技术分析、教师视频讲解等辅助教学资源。

(3) 实践与理论相结合：本书注重理论知识的传授，其中内容经过严格的实践验证，真正实现理论与实践相结合，从而切实提升学习者的知识掌握能力。

(4) 专业视角的文化交流：赛艇运动在欧美地区拥有深厚的历史文化底蕴，因此，本书注重从文化视角来加强交流，帮助学生深入了解赛艇运动的文化和历史。

(5) 基于国情的本土化开发：在基本教学知识体系基础上，结合我国国情和学生特点，构建更加本土化且灵活性更强的教材和课程体系，以期助力国内赛艇运动的普及和发展。

在此，特别感谢所有在本书出版过程中提供过帮助和支持的人士及团体，若没有他们的帮助，本书的完成将不会那么顺利。同时，衷心感谢所有关心和支持赛艇运动的朋友们，正是你们的鼓励，让我们更加有信心完成本书的撰写和出版工作。

最后，希望本书能为广大赛艇爱好者提供一些有用的信息和帮助，并且为更多的人了解和参与赛艇运动作出一些贡献。愿赛艇运动的独特魅力能够在更多的人群中得到传承和发扬。

编者

2025 年 5 月

目　录

第一章

赛艇运动的起源和发展

“赛艇是一项了不起的艺术，也是一项精致的艺术。这是一首运动的交响乐。如果你能把船艇划好，那么就接近一种完美；而接近完美的时候，就是碰触到了神性；碰触到了内在的你，那就是你的灵魂。”

——乔治·耶曼·波克科

第一节　赛艇运动的起源

赛艇运动是一项水上运动，由一名或多名桨手坐在舟艇上（图 1-1），背向舟艇前进方向，运用肌肉力量，通过桨和桨架的简单杠杆作用划水，以推动舟艇前进。有时，赛艇运动也泛指各类控制艇或船的水上竞赛项目。

图 1-1　赛艇运动

（图片来源：https://m.thepaper.cn/baijiahao_16349644；信息来源：Color 北外滩；摄影：我穿小花裙）

赛艇运动是一项桨手坐在舟艇上划水前行的水上运动，通常需要团队协作，且对体能素质的要求较高。赛艇的形式丰富多样，按参赛人数可分为单人划艇、双人划艇、四人划艇和八人划艇等；按舟艇类型划分，则包括平衡舟、扁舟、龙舟等。赛艇比赛通常在湖泊、河流、运河、海岸线上举行，各支参赛队伍须沿着规定赛道，以最快速度抵达终点。因此，比赛中速度和稳定性都至关重要。

赛艇运动起源于英国，是最古老的传统运动之一。最初，舟艇被用作商业运输、水上救生及战争的工具，每日在泰晤士河上往来摆渡，堪称生活在水边的人们最重要的日常交通工具，素有"水上巴士"之称。由于水上行船极为耗费体力，故那些经常在河上穿梭的人们常常打赌谁先划到目的地。起初，这种赌约只是为日常劳作增添乐趣，然而，正是从这些船友间的赌约开始，逐渐孕育出了赛艇运动的雏形。图 1-2 所示为同济大学赛艇队参加美国查尔斯河赛艇大赛。

图 1-2　同济大学赛艇队参加美国查尔斯河赛艇大赛

（图片来源：https://paper.xinmin.cn/html/xmwb/2021-10-21/17/119927.html）

1715 年，为庆祝英国国王加冕，伦敦的职业水手们首次在泰晤士河上举行赛艇比赛。1775 年，英国人率先制定了赛艇竞赛规则，并于同年成立了赛艇俱乐部。1811 年，伊顿公学第一次举行了八人赛艇比赛。1829 年，牛津大学和剑桥大学开启了校际赛艇对抗赛。之后，这一赛事一直延续至今。由此该场比赛吸引了众多民众在泰晤士河边观看，因此这一赛事也被视为现代赛艇运动诞生的标志。此后，赛艇比赛的吸引力不断提升，一系列杯赛被相继增设。除英国外，还有几十个国家派队参赛。目前，英国有超过 500 个赛艇俱乐部，其中，中学生俱乐部就有 150 多个，而经常参与赛艇运动的人数更是超过了 10 万。

第二节　赛艇运动的发展

一、船艇制造的革新

随着赛艇运动的普及，船艇制造工艺也在持续革新。1846 年，英国人在艇舷上安装了桨架，通过增加桨的长度以提升划桨效果。1847 年，英国人又将重叠板的外龙骨艇改装成平滑的内龙骨艇，从而提高了赛艇速度。1857 年，美国人巴布科克(Babcock)发明了滑座，使得运动员在划桨时能够前后移动身体，进而有效地利用了腿部力量。1882 年，俄国人将封闭式桨栓改为活动式桨环，进一步增大了划桨幅度。这些技术改进大幅提升了赛艇比赛的竞技性。为规范赛事，1890 年，英国制定了赛艇竞赛规则，该规则与现代赛艇竞赛规则较为相似。

二、国际赛艇联合会及赛事

1892 年，在意大利的都灵成立了国际赛艇联合会(Fédération Internationale des Sociétés d'Aviron，FISA)，该联合会最初仅有 6 个会员，当年还举办了第一届欧洲赛艇锦标赛。此后，国际赛艇比赛一直在国际赛艇联合会的组织下开展。1923 年，国际赛艇联合会将总部从都灵迁至瑞士；1997 年起，总部定址于瑞士洛桑。目前，国际赛艇联合会拥有 120 个国家和地区的会员协会。1962 年，第一届世界赛艇锦标赛在瑞士举行，截至 1974 年共举办了 4 届。1975 年起，世界赛艇锦标赛改为每年举办一次，通常于北半球夏末举行，赛程约一周，是国际上在非奥运年份最具含金量的赛事。

赛艇运动的项目较多，国际赛艇联合会早期设立的世界赛艇锦标赛就涵盖了多种比赛类型，主要按桨手人数、体重、操桨方式及有无舵手等划分为以下 8 个比赛项目：

(1) 男子公开级单人双桨无舵手(M1×)；

(2) 男子公开级双人单桨无舵手(M2－)；

(3) 男子公开级四人单桨有舵手(M4＋)；

(4) 男子公开级八人单桨有舵手(M8＋)；

(5) 男子轻量级双人双桨无舵手(LM2×)；

(6) 女子公开级单人双桨无舵手(W1×);

(7) 女子公开级双人单桨无舵手(W2-);

(8) 女子公开级八人单桨有舵手(W8+)。

此外,国际赛艇联合会还主办了多项特色赛事:

(1) 世界23岁以下人员赛艇锦标赛。这项比赛面向23岁以下年轻选手,以选拔和培养新一代赛艇运动员为主要目标。

(2) 世界残疾人赛艇锦标赛。这项比赛为残疾人运动员提供了一个竞技平台,以展现他们在赛艇运动上的运动才能和拼搏精神。

(3) 世界杯系列赛。这是一项面向世界各国赛艇运动员的高水平比赛,旨在提高运动员的竞技水平,促进国际交流。

(4) 世界老将赛艇比赛。这项比赛专为年龄较大的赛艇运动员设立,为他们提供一个展示技能和精神的舞台,同时也强调赛艇运动的趣味性及增进交流。

通过举办各种赛事,国际赛艇联合会致力于推广赛艇运动,培养新一代运动员,并为不同年龄和体能条件的选手搭建公平竞技的平台。

随着赛艇运动在欧美兴起,一系列极具影响力的国际知名赛事应运而生,例如亨利皇家赛艇会(Henley Royal Regatta,图1-3)、伦敦泰晤士河上的河王争霸赛(Head of the River Race)、查尔斯河赛艇大赛(Head of the Charles Regatta)、牛津剑桥赛艇对抗赛(The Boat Race,图1-4)等。这些赛事不仅比赛距离不同,规则也各异,有些比赛还发起自民间,项目设置全面,参赛运动员的年龄跨度较大,上至耄耋老人,下至阳光少年,均可同场竞技。因此,这些民间赛事兼具观赏性和娱乐性,为当地民众乃至全世界赛艇爱好者提供了一个交流与竞技的平台。

图1-3　亨利皇家赛艇会

图 1-4　牛津剑桥赛艇对抗赛

（图片来源：https://www.theboatrace.org/news/stepping-up-to-the-boat-race-2025-from-novice-to-blues-meet-ollie-boyne-and-alexia-lowe）

三、赛艇与现代奥林匹克运动

随着奥林匹克运动的复兴，在现代奥林匹克之父顾拜旦的努力下，1896 年第一届现代奥林匹克运动会（以下简称“奥运会”）在希腊雅典点燃圣火。赛艇在当时被列为正式比赛项目之一，然而，由于天气原因，最终被取消。1900 年，第二届奥运会举办了赛艇比赛，共设 6 个单项。但当时的比赛规则尚不完善，比赛距离、航道设置和比赛细则也都不明确。1934 年，国际赛艇联合会规定，赛艇比赛必须在 2 000 m 的直道上进行，且赛道宽度至少应能容纳 3 条艇同时竞技。奥运会赛艇项目的设立及丰富的单项设置，促使各国对赛艇运动高度重视，从而有力地推动了这项运动的发展。自 1976 年蒙特利尔奥运会起，女子运动员获得了参加奥运会赛艇比赛的资格。1996 年亚特兰大奥运会，轻量级赛艇比赛及新规则被首次引入，男、女项目中均增设了轻量级赛艇项目，总的比赛项目仍为 14 项。

在 2016 年奥运会上，赛艇共设立 14 个比赛项目，见表 1-1。而在 2020 年东京奥运会上，男子轻量级四人单桨项目被取消，同时增设了女子四人单桨项目。此外，2024 年巴黎奥运会新规则改为所有舵手（不分男女）体重统一为 55 kg。

表 1-1　2016 年奥运会赛艇比赛项目

公开级男子组	单人双桨
	双人双桨

（续表）

公开级男子组	四人双桨
	双人单桨
	四人单桨
	八人单桨有舵手
轻量级男子组	双人双桨
	四人单桨
公开级女子组	单人双桨
	双人双桨
	四人双桨
	双人单桨
	八人单桨有舵手
轻量级女子组	双人双桨

第三节　现代赛艇运动

现代赛艇运动的参与人员非常广泛，它不仅是一项竞技运动，还可作为休闲娱乐项目，甚至是一种健身方式。目前，根据船型、比赛方式及目标人群的不同，除竞技赛艇外，还有陆上赛艇和休闲赛艇。

赛艇比赛开始前，各艇在起航线排齐，发令员发令后，各艇便以最快的速度划向终点，最终以艇首到达终点的先后顺序来判定胜负。在天然水域比赛时，天气情况会对比赛成绩产生一定影响，甚至会出现前后两组比赛时的天气环境完全不同的情况，这便导致比赛成绩不具有绝对可比性。因此，赛艇比赛成绩不设世界纪录。

赛艇运动员须具备良好的身体素质，2 000 m 的赛程往往用时仅为 5.5～7.5 min，犹如冲刺一般。比赛中，赛艇运动员因运动姿势压缩肺部空间，从而限制了他们可用的氧气量，导致他们无法像其他大部分项目的运动员那样自由呼吸，如此便需要根据划桨频速来调整呼吸。通常，每桨吸气和呼气两次，频率很高。这对于运动员的耐力素质是一种考验，也意味着运动员必须拥有极强的力量输出能力。

对很多刚刚接触赛艇的爱好者来说，直接进行水上训练会有难度。一方面，水上训练存在翻船风险，易造成心理压力，导致身体僵硬，畏首畏尾，不敢操作，给学习过程增添了很多麻烦；另一方面，部分年龄较小或较大的赛艇爱好者更倾向于享受划船观景的乐趣，针对此类需求，一些赛艇器材公司便设计生产了一种休闲赛艇。相比竞技赛艇，这种休闲赛艇的艇身更宽，艇底与水面的接触面积更大，整体性能更加稳定。

此外还有陆上赛艇，也称室内赛艇，是目前世界上普及程度很高的一项器械运动，拥有成熟完整的竞赛体系和纪录体系。陆上赛艇的主要特点是适合全年龄段人群、能锻炼人体86%的肌肉、可对人体的运动能力进行科学测试和评估，还能实现同等条件下公平的“云竞赛”等。测功仪是服务于这类运动的器材的通用名称，一直被广泛应用于赛艇运动员的训练和热身以及民间的健身运动中。

自20世纪50年代以来，测功仪一直被许多国家用于赛艇训练。其最早的雏形是巨大的金属装置与一个大飞轮，拉起来有些费力，当时的桨手们对这台机器颇为抵触。

20世纪80年代，诸如雷普科（Repco）等更轻、对桨手更友好的机器相继问世。这种机器的飞轮可以对抗空气阻力。几年后，一种具有更高科技含量的测功仪Gjessing被设计出来，并成为国际公认的标准测试仪器。此后，美国Dreissigacker兄弟推出Concept2测功仪，它的优势在于重量轻、价格相对便宜及数据的一致性。换言之，无论使用者在哪里，使用哪一台机器，都可以与他人进行成绩对比。这使得室内赛艇比赛得以实现。

如今，测功仪已成为赛艇运动中用于2 000 m以上划行距离测试的标准仪器。它不仅是世界各地船屋和体育馆的固定设备，还被广泛应用于其他运动项目运动员的交叉训练。在健身中心，测功仪也很普遍。它不但向非赛艇人介绍推广了赛艇运动，还催生出一项新的运动——室内赛艇。

可以说，测功仪已从赛艇运动员专属的水上训练工具发展成为一项全民运动器械。这一转变与健身中心的蓬勃发展以及民众对自身身材管理的要求日益提高密切相关，而测功仪恰好能满足此类需求。使用测功仪能让人近似体验水上赛艇的感觉，且相比水上赛艇，它对手臂力量的要求稍低，更多依靠背肌、大腿肌肉等大肌群发力。对许多因为膝伤而被限制跑步或其他锻炼的人群来说，这是一种理想的选择。目前，几乎所有推广赛艇运动的国家都会举办全国性室内赛艇比赛。其中，举办时间最久、最著名的是CRASH-B赛艇世锦赛，该项赛事每年2月在美国波士顿举行；而参与人数最多的室内赛艇赛事则是英国室内赛艇锦标赛。2010年，全世界4万多名运动员参与了陆上赛艇比赛；40多个国家举办了超过400场的陆上赛艇比赛；1 900名运动员在世界室内赛艇锦标赛中同场竞技。2018年，世界室内赛艇锦标赛由国际赛艇联合会与Concept2公司联合举办；2019年，该项赛事在美国加利福尼亚州长滩市举行。

第四节 中国赛艇运动

自古以来，中国人就有赛龙舟的传统。龙舟的船型与赛艇非常相像，但龙舟发源于祭祀活动，一般与祭祀屈原投江的活动和端午节气等概念相提并论，是中国传统文化元素之一。而赛艇是西方现代体育运动项目，直到19世纪，随着上海开埠，才传入中国。中国历史上第一次有正式记载的赛艇赛事便是1852年在上海黄浦江上举行的赛艇比赛。因此，上海也被誉为中国赛艇运动的发源地。1859年，上海赛舟会（Shanghai Regatta Club）成立，这便是上海划船总会（Shanghai Rowing Club）的前身。1863年，上海划船总会正式成立。此后，各类赛艇活动和比赛逐渐丰富起来，不仅成为外侨的重要盛会，也吸引了更多的社会关注。1905年，由英国人所建的“上海划船总会”从苏州河舢板厂新桥（现上海恒丰路桥）迁至外滩的外白渡桥下（现南苏州路76号）。这是一个以赛艇为主的综合俱乐部，配备有船库和码头各一个。

中华人民共和国成立前，开展赛艇运动较多的城市除了上海还有哈尔滨。1912年至1915年间，“中东铁路局”在道里“小九站”江边修建“游艇俱乐部”（今哈尔滨江上俱乐部），组织划船等项目活动。1937年6月，哈尔滨航业联合会等单位在松花江上举办划船比赛。20世纪40年代，居住在哈尔滨的俄侨在松花江上设立水上运动俱乐部，主要为外籍人士提供运动与娱乐场所。

1952年，在相关领导指示下，国家体委所属中央国防体育俱乐部海军科决定于北京开展舢板、赛艇等水上运动。同年年底，该科于哈尔滨市内河航运修造船厂订制4条八人单桨有舵手赛艇。工厂按时完成造艇任务。这4条八人赛艇于1954年6月运抵北京后海。同年7月，中央国防体育俱乐部海军科举办暑期舢板辅导员训练班，八人赛艇作为学员练习荡桨的辅助器材投入使用。1955年，因后海水域面积有限，不便进行八人赛艇练习，故这几条赛艇转至颐和园昆明湖开展活动。中央国防体育俱乐部利用假期及课余时间组织清华大学、北京大学等高校的学生参加活动。1953年5月，上海市人民政府外事处、市教育局、市房管局奉命接管上海划船总会。除房屋、码头、船库、游泳池等不动产外，接管物资包括旧式折叠赛艇28条、赛艇桨60余支。

1956年11月5日至15日，国家体委在杭州西湖举办全国划船表演赛。这是我国首次全国性赛艇比赛。参赛运动员来自哈尔滨、旅大（现大连市）、上海、杭州4个城市，共85人（其中男运动员52人，女运动员33人）。1959年，第一届全国运动会将赛艇比赛列为正式比赛项目。在国家体委的倡导下，赛艇运动借全运会契机迅速推广。由于北京主会场没有合适的赛艇场地，故将赛艇比赛安排在武汉东湖举行。此次比赛吸引了河北、山西、辽宁、吉林、黑龙江、上海、江苏、浙江、安徽、福建、江西、山东、湖北、湖南、广东、四川、贵州、云南等 18 个省、直辖市，以及中国人民解放军代表队的 423 名运动员参赛。1960 年，为应对经济困难，政府采取了“调整、巩固、充实、提高”方针。在此背景下，全国赛艇活动规模收缩，参与单位和人数显著减少，但仍保留骨干维持少量训练。第一届全运会后，大部分省、市集训队解散。上海、浙江、湖北、广东及中国人民解放军等省、军级单位仍保留部分教练员和运动员。

1966 年起，受历史因素影响，体育工作全面停滞，赛艇运动亦遭受严重冲击：各地划船俱乐部陆续撤销，运动员队伍解散，教练员和运动员被下放到干校劳动或调往工厂工作。其中，上海所受影响最为严重——上海划船总会场地被挪作他用，器材被转移至黄浦江对岸的仓库存放，人员全部下放改行。而湖北、浙江、广东三地，在留守的管理人员、教练员、运动员共同努力下，设法保存了部分器材与场地，为后续赛艇运动的恢复积累了条件。

1972 年，在党中央和周总理的关怀下，随着全国体育工作会议的召开，部分运动项目逐步恢复。在项目规划中，相关部门决定在上海、浙江、湖北、广东四地恢复划船项目。1973 年 1 月 15 日，中国划船运动协会成立，主管赛艇和皮划艇相关事宜，对外分别使用中国赛艇协会和中国皮划艇协会的名称，曹思慧任主席，穆祥英任秘书长。1973 年底，国际赛艇联合会接纳中国赛艇协会为会员。1974 年，国家体委恢复全国性赛艇赛事。同年 9 月 22 日至 24 日，全国划船比赛在武汉举行，来自黑龙江、上海、浙江、湖北、广东 5 个省、直辖市的 114 名运动员参加了男、女共 7 个项目的比赛。这次比赛是 1974 年后首次全国性赛艇比赛。1975 年，第三届全国运动会将赛艇列为正式比赛项目。

1982 年，第九届亚运会在印度新德里举行。赛艇首次成为亚运会正式比赛项目，共设 4 个男子项目：单人双桨、双人单桨无舵手、双人单桨有舵手和四人单桨有舵手。中国队包揽了全部 4 枚金牌。这是亚洲历史上首次在综合性运动会中举办大规模赛艇赛事。亚洲赛艇联合会亦在此次赛会期间成立，中国为创始国之一。

20 世纪 80 年代起，中国赛艇运动迎来了全面恢复与快速发展。1987 年 3 月 25 日，在广东肇庆市召开了自中华人民共和国成立以来的首次赛艇工作座谈会，会议为我国赛艇更高水平的发展制定了规划。在赛艇人的共同努力下，中国赛艇运动逐渐冲出亚洲，走向世界：1983 年，中国大学生赛艇队在第 5 届世界大学生赛艇比赛中获得金牌；1988 年汉城奥运会，中国赛艇队获得 1 银 1 铜的好成绩；2008 年北京奥运会，唐宾、金紫薇、奚爱华、张杨杨组成的女子四人双桨组合以 6 分 16 秒 06 的成绩夺冠，为中国赛艇队摘得首枚奥运金牌；2019 年 9 月 1 日，中国赛艇队在世锦赛上表现出色，夺得 3 金 1 银共 4 枚奖牌，追平了中国 2006 年在英国伊顿多尼湖世锦赛上创造的单届最多金牌数纪录。

此外，2014 年 9 月，著名企业家王石当选亚洲赛艇联合会主席。王石至今仍在担任亚洲赛艇联合会终身名誉主席，持续推动民间赛艇运动发展。

目前，全国社会赛艇俱乐部超 100 家，赛艇爱好者逾万名，俱乐部教练多为退役专业赛艇运动员。众多高校、中学甚至小学开始开展赛艇运动，包括清华大学、北京大学、西安交通大学、同济大学、西安电子科技大学、集美大学、上海科技大学等。尽管受新冠疫情影响，2021 年世界赛艇锦标赛未在上海举行，但上海依托“一江一河”发展规划，聚焦国际体育赛事之都建设，创办了自主品牌赛事——上海赛艇公开赛。2021 年上海赛艇公开赛的成功举办，既传承了历史底蕴，又彰显了时代精神。随着社会资源的持续投入，赛艇运动正逐步走向大众。

[illegible]

[illegible]

[illegible]

第二章
赛艇技术

一名运动员技术水平的高低以及身体素质的强弱会极大地影响他的运动表现，尽管每项运动都是如此，但这一规律在赛艇运动中体现得尤为突出。与跑步、跳跃等运动完全不同，赛艇运动中肌肉和骨骼形成的运动链并非一种非常自然的运动过程。尽管优秀运动员的划船动作从远处看流畅优雅，但在这看似轻松的表象下，实则蕴含着一系列经过精心设计且极其微妙的复杂技术环节。因此，赛艇被认为是一项对运动员技术熟练度要求极高的运动。高水平赛艇运动员不仅需要掌握大量的物理学与人体生理学知识，还需通过长时间系统训练不断优化技术动作。

对于赛艇运动而言，若想提高船速，必须先掌握精湛的赛艇技术。相较于力量、耐力等身体机能，技术堪称重中之重。可以说，技术如同盖房时的地基，而其他能力则是垒高房子的钢筋、水泥和砖块，没有技术作为支撑，“房子”稍微高一点就会垮掉。技术讲解和训练的目的就是让运动员理解并掌握高效的赛艇技术，从而提高船速。

具体来说，赛艇技术涵盖桨手的划桨技术、舵手的掌舵技术，以及船艇的调试维护等内容。本章将从划船基本技术出发，结合水上划船实操与陆上划船器练习，系统介绍桨手划桨技术与舵手掌舵技术。

第一节　基本动作

赛艇技术并非只有特定的一种，各个国家的风格不尽相同，本章将介绍最基础且易于理解的一种。赛艇作为一项周期性运动，学会并掌握一个周期动作便可循环进行，因此，本节仅对一个划桨周期的技术动作进行讲解。为清晰阐释技术要点，我们将完整的划桨周期划分为入水、拉桨、出水和回桨四个阶段。

一、入水

入水是指桨叶入水的过程，也称前转换动作，是前一个划桨周期的回桨动作与下一个划桨周期的拉桨动作之间的衔接转换。当桨叶到达入水位置（即桨叶垂直于水面即将入水的时刻），桨叶入水的位置和角度差异会导致其在水中的运动路径不同，进而直接影响拉桨的有效性。因此，对赛艇运动员而言，掌握正确的入水动作至关重要。

1. 准备姿势

桨手双眼平视前方，双手握桨尽可能前伸，上半身以髋部为轴前倾 15°～30°，腰背部保持挺直，膝盖弯曲使滑座收至小腿垂直于水平面位置。完成此姿势后，桨手的胸部和大腿比较靠近，脚后跟微抬。桨手的身体需保持正直朝前，双腿自然收拢，肩部放松，双手尽量向前向外伸展。此时，桨手的身体重心位于滑座与脚蹬板之间，整个身体呈向前向上的姿态。准备姿势的正面和侧面实拍照如图 2-1 所示。

(a) 正面　　(b) 侧面

图 2-1　准备姿势

2. 提桨入水

桨手提桨入水时，双眼应正视前方，整个身体框架需与准备姿势保持一致。在避免身体前趴的同时，手臂与肩部尽量向外伸展，大腿与小腿尽量贴近，为蹬腿动作蓄力。随后，将桨柄快速上抬约 10 cm，使桨叶轻柔且迅捷地垂直入水。若桨叶入水动作正确，水面会激起 V 形水花；水花仅朝向船头、仅朝向船尾或没有水花都是错误的。水花仅朝向船头或仅朝向船尾说明入水时机未掌握好，没有水花则可能是桨叶未完全入水时桨手已提前蹬腿所致。需要强调的是，桨叶入水与蹬腿动作几乎同步发生，只有二者协调配合，才能确保提桨入水动作的有效性。提桨入水的正面和侧面实拍照分别如图 2-2 和图 2-3 所示。

图 2-2　提桨入水(正面)

图 2-3　提桨入水(侧面)

桨叶入水深度和桨叶宽度基本一致，以桨叶上边缘与水平面齐平为宜。换言之，当桨叶垂直入水且接触面积达到最大值时，即达到最佳入水深度。若桨叶入水过浅，则会导致拉桨作用面积过小，无法"抓取"足够的水，从而难以向船传递足够动力；若桨叶入水过深，则会改变力量传导方向，使船上下跳动，而非水平前进，从而增加桨手的体能消耗。此外，两侧桨叶入水深度不一致会影响船身平衡，进而打乱节奏、降低船速。因此，提桨入水不仅非常重要，也是较难掌握的要点之一。

提桨入水的技术要点在于：桨手需充分伸展手臂，使桨叶从远端快速入水。提桨入水的难点在于桨叶入水与桨手蹬腿发力的协调配合——入水时机的把握尤为关键，要求桨叶沾水瞬间同步快速蹬腿以建立支点。

入水动作常见的易犯错误如下：

(1) 桨手身体过度前倾，没有将手伸至最远端。

(2) 桨叶入水时，未达到合适的深度或未转至与水面垂直的状态。

(3) 桨叶离水面距离较远，桨手便开始蹬腿发力。

二、拉桨

拉桨是整个动作周期中为船艇提供动力的阶段。从桨叶入水后桨手蹬腿发力开始，当腿部接近伸直状态时，通过后倒动作协同背部与手臂力量，使三者在拉桨最后阶段达到协调统一。拉桨过程中，桨手的身体姿态、力量分配及桨叶运行轨迹均会影响拉桨效率。下面讲解一下正确的拉桨方式。

1. 拉桨前期(蹬腿)

桨叶入水动作完成的瞬间(即桨叶恰好完全入水的瞬间)，桨手须立即蹬腿发力，同时保持上身姿态不变：腰背部挺直，利用背阔肌发力锁住身体框架，双臂伸直放松，像绳索般起到牵拉作用。在蹬腿拉桨过程中，桨手要尽量保持桨叶在水下运动的高度，也就是在这一过程中需要保证拉桨高度的稳定性。在拉桨过程中，如果桨手拉桨高度发生变动，相当于给桨叶施加水平力的同时，也施加了一个垂直力，使得桨叶不断往水下走。一方面，在保持合力大小不变的情况下，垂直力的出现会减少水平力的大小，而水平力对船有推动作用，故降低了划船效率；另一方面，根据初中物理知识可知，水越深，压强越大，运动阻力也越大。拉桨时，桨叶入水过深或过浅，均不利于桨手保存体力。拉桨前期的正面和侧面实拍照如图 2-4 所示。

(a) 正面　　(b) 侧面

图 2-4　拉桨前期

2. 拉桨中期(后倒)

当桨手蹬腿至 3/4 行程时，其上身从前倾姿态转为后倒 15°～20°。此时需依靠背部肌肉发力，保持肩部固定，手臂仍仅起到牵拉作用。后倒过程中，桨手要懂得利用自己身体的重量辅助发力，同时维持手臂高度不变，确保拉桨轨迹保持水平。拉桨中期的正面和侧面实拍照如图 2-5 所示。

(a) 正面　　(b) 侧面

图 2-5　拉桨中期

3. 拉桨后期(拉臂)

桨手蹬腿结束时,桨运动到与船体接近垂直的位置,此时,桨手需逐渐加强手臂的主动牵拉,使腿、背、手臂协同发力,并且肘关节弯曲并向后自然打开至与身体约成45°角,动作类似于扩胸运动。拉桨结束时,桨柄应处于距离胸肋处约10 cm的位置,注意拉桨勿过高或过低。另外,在拉桨结束瞬间,桨叶仍须有力地在水中支撑,以维持船艇平衡,切忌过早出水。

拉桨时,桨手需保持腰背部挺直、双臂伸直,同时双手手腕保持平直,从而确保桨叶在水中沿水平方向运动,避免上下摆动,否则,会导致能量损耗与船身晃动。拉桨过程中,桨手不需要把桨柄握得太紧,应感觉手像弯钩一样将自身重量悬挂在桨柄上,进而带动桨的运动。随着动作的进行,桨手的身体重心由脚蹬板处逐渐后移至滑轨后端。

整个拉桨过程需遵循正确的动作顺序,桨手全身肌肉群须协同工作,蹬腿、后倒、屈臂三个阶段的力量分配比例约为6∶3∶1。这个动作的重点在于充分利用腿部和背部的力量;难点在于划桨过程中腿、背、手的发力既要遵循先后顺序,又要衔接紧密,如此才能实现匀加速的拉桨过程。拉桨后期的正面和侧面实拍照如图2-6所示。

(a) 正面

(b) 侧面

图2-6　拉桨后期

拉桨动作常见的易犯错误如下:

(1) 桨手在蹬腿动作完成前过早屈臂。

(2) 桨手拉桨时未使用双腿力量,而是依靠手臂发力。

(3) 桨手拉桨过程中,桨叶深度忽深忽浅,未使桨在水平方向上运动。

三、出水

出水是指桨叶出水的过程,又称后转换动作。它衔接拉桨与回桨,是一个需迅速且精准把握时机的微妙环节。若出水过早，会缩短拉桨距离；若出水过晚，则会对船艇前行产生反作用力，还易引发别桨。无论哪种情况，都会导致船速下降。

当拉桨动作结束时，桨柄被牵拉至桨手胸肋前 10～15 cm 处，此时桨手的双手须迅速向下轻按桨柄，借助手腕和小臂的力量使桨柄沿后下方做弧形运动，从而带动桨叶自然出水。在桨叶出水瞬间，桨手身体重心落于滑座，双腿放松伸直，双脚不再对脚蹬板施加蹬力，全身肌肉处于放松状态。在此过程中，需保持双腿与臀部稳定，避免造成艇身晃动。

桨叶出水时须遵循“先按桨，后转桨”的顺序，动作要干净利落。干净利落的出水动作可以最大限度地减小艇前行的阻力，而缓慢黏滞的出水动作则会对船艇产生阻力。动作要领在于：保持拉桨高度和速度，利用拉桨的反作用力实现出水到回桨的快速转换；难点在于精准控制出水加速度和拉桨高度，若二者不到位，易导致出水时拖带水花。出水动作的正面及侧面实拍照如图 2-7 所示。

(a) 正面

(b) 侧面

图 2-7　出水

出水动作常见的易犯错误如下：

（1）桨叶出水过早或过晚。

（2）桨手一边按桨出水一边转桨。

（3）桨叶出水时拉桨速度不够，导致出水动作拖滞，与回桨的转换不连贯。

四、回桨

回桨是指桨叶出水后至下一桨入水前的准备动作，为下一次拉桨奠定基础。正是一个个连贯协调往复的动作驱动着赛艇不断向前。

桨叶出水并完成转桨后，须按手、身体、腿的顺序依次复位。首先，双腿保持伸直，双手水平向前将桨推离身体；其次，待双臂完全伸直后，以髋关节为轴带动上身前倾复位；最后，当上身恢复至桨叶入水时的准备姿势后，保持上身稳定，双腿放松屈收并向前匀速移动滑座。在此过程中，桨手的全身肌肉需保持放松状态。转桨动作的正面和侧面实拍图如图 2-8 所示。桨手上身复位正面及侧面实拍照如图 2-9 所示。

(a) 正面

(b) 侧面

图 2-8　转桨

(a) 正面

(b) 侧面

图 2-9　桨手上身复位

回桨时，需确保桨叶完全离开水面。当桨柄运行至接近脚蹬板位置时，桨手应一边推桨一边连贯地将桨叶转至与水面成 90°角。此过程须配合收腿动作，使桨叶逐渐由水平姿态转为垂直状态。若转桨过早，桨叶在垂直状态下回桨时会受到更大的空气阻力，这样不仅会降低船速，还会影响船艇平衡；若转桨过晚，则会使入水节奏受到影响。此外，回桨时桨叶需与水面保持一定距离，若桨叶太靠近水面，则船身自然运动受限，易发生打水现象，从而影响桨手动作的灵活度；而在后续转桨入水时，还须抬高桨叶，这不仅会导致船身晃动、阻力增大，还会降低桨频。

回桨动作的重点：严格遵循回桨的先后顺序，即桨叶出水后，桨手应迅速向前推桨，带动后倒的身体复位，随后再收回滑座。收滑座时，需放松身体，借助船的行进速度和身体惯性顺势回桨。

回桨动作的难点：精准感知船速，并合理利用惯性完成回桨动作。

回桨动作常见的易犯错误如下：

（1）桨手上身尚未完全复位即开始屈腿。

（2）通过勾脚尖使回桨时滑座移动速度过快。

需要特别强调的是，在一个划桨周期中，拉桨与回桨的节奏有所不同，时间占比约为 1∶2，可概括为“快拉慢回，拉桨用力，回桨放松”。无论是拉桨还是回桨，桨手的手腕均需保持水平状态。

此外，每一个划桨周期都是一个连续的过程，各阶段动作应连贯流畅，不可拆分或停顿。同时，桨手划桨时，应始终平视前方，将注意力集中在身体的动作上，避免频繁转头查看自己的桨。

第二节　水上动作练习

在水中，船体的平衡容易受到水流的影响，而保持船体平衡是完成高质量划桨动作的基础。一般来说，建议初学者上艇后，首先要学会与其他桨手相互配合，使船艇保持平衡状态。划桨时，只要任何一个桨手的动作与其他桨手不同，就会影响合力，削弱划桨效果，甚至可能导致桨叶相互碰撞。因此，所有桨手保持划桨高度一致且动作同步至关重要。为帮助初学者练习这两个要点，下面提供两种练习方法以供参考。

1. 平衡练习

方法：左、右桨手交替进行抬桨和压桨动作，即左侧桨手先将桨抬高，右侧桨手同时将桨压低；随后左侧桨手将桨压低，右侧桨手将桨抬高，如此循环往复。整个练习过程需在舵手或领桨手的指挥下进行，通过反复练习，使艇身始终保持平衡。

练习重点：感受抬桨、压桨动作对艇身平衡的影响，掌握与其他桨手协同配合维持艇身平衡的技巧。

2. 分组划练习

方法：练习开始时，先由 4 名桨手进行划桨，其余桨手保持平桨姿态，轮流交替进行练习。之后，将划桨人数增加至 6 人。最后，全体桨手同步开展划桨练习。

练习重点:通过练习,学会与艇上的其他桨手默契配合,确保所有桨手的动作保持同步,拉桨和回桨的高度一致,从而使艇平稳流畅地行进。

下面介绍几种常见的分组划练习方法。

(1) 分解定位练习。

方法:将入水、拉桨、出水、回桨动作进行分解练习,每个动作完成后稍作停顿,由教练或舵手纠正动作。

练习重点:通过分解定位练习,明确各阶段的身体姿态及定位位置,改进划桨动作。

另外,在练习时,需着重检查以下几个方面:

① 入水前,身体是否过分前倾或直立,双腿是否收紧;提桨时,手腕是否保持平直;桨叶是否垂直入水且入水深度是否到位。

② 拉桨时,身体各部位发力顺序是否正确,桨叶是否沿水平方向运动。

③ 按桨出水位置是否正确,桨叶出水是否“饱满”,有无挑水现象。

④ 回桨时,桨叶是否转至 90°且不接触水面,桨手是否遵循“先前倾、后收腿”的顺序。

(2) 不转桨划练习。

方法:在桨叶出水、入水时,桨手不转桨,使桨叶在整个划桨周期中保持垂直状态。

练习重点:桨叶出水时应保持足够高度,随后直线推桨,避免桨叶与水面接触并保持好船体平衡,做到平稳地推桨、回桨。

(3) 改变划程练习。

方法:入水分解练习时,桨手保持手臂伸直,分别以划座 1/4 划程、1/2 划程、3/4 划程进行练习,过程中保持身体前倾。

练习重点:体会手臂牵拉与放松的感觉,强化腿部主动发力,优化划桨发力顺序。

(4) 入水练习。

方法:只完成桨叶入水后蹬腿的动作,抓住水下支点后迅速回桨,随后进行下一桨练习。

练习重点:通过桨叶入水蹬腿这一前端小动作,掌握利用桨叶在拉桨过程中建立支点的技巧。

(5) 超低桨频练习。

方法:以大约每分钟 10 桨的桨频练习完整的划桨动作。

练习重点:拉桨时,动作要迅速有力;回桨时,动作要缓慢放松。注重动作的连贯性与平稳性,认真体会每个动作的细节。

扫描二维码即可观看四人双桨及八人单桨有舵手的技术动作演示视频。

第三节 陆上动作练习——测功仪训练

为模拟水上划船动作，同时兼顾体能与技术训练，陆上划船器（又称测功仪）应运而生。测功仪是赛艇训练中不可或缺的设备，它不受天气和训练者水平差异的影响，且运动员无须耗费精力去维持船身平衡。训练时，运动员不仅可以更好地体会划桨不同阶段的身体姿态，还可以通过调节表头查看桨力曲线图，从而实时修正发力顺序和蹬腿时机等技术细节。测功仪训练对于提升赛艇运动员的水上成绩效果显著。目前，市场上常用的测功仪主要由 Concept2 公司生产。下文将以该公司生产的产品为例进行讲解，测功仪实物如图 2-10 所示。

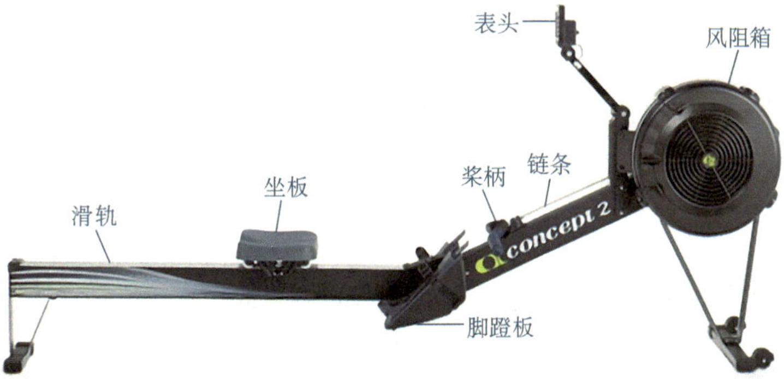

图 2-10 测功仪

一、准备工作

熟悉测功仪的各个组成部分及其名称，了解其保养的基础知识。检查测功仪的表头电量及各部件状态，在确认机器整体状态良好的情况下方可使用。

使用时，将测功仪的风阻阀门调节至合适的挡位。挡位数字越高，空气阻力越大，划桨所需做的功也就越多。对于新手而言，建议挡位不超过 3 挡，这样更有利于运动员在划桨过程中保持正确的身体姿势，而过高的挡位容易导致动作变形。

在使用测功仪时，应注意以下事项：

（1）将测功仪的表头显示屏调整到便于观察的高度，且不低于平视时的视线高度。

（2）将桨柄放置于桨柄挂钩处，以便于把脚固定到脚蹬板后可轻松拿取桨柄。

机器使用完毕后，须将桨柄放回拉桨链底部。

（3）调节脚蹬板高度，将脚放入脚蹬板的合适位置并拉紧脚带，确保小腿在入水动作中与地面垂直。

二、练习方法

1. 按转桨练习

方法：双腿保持伸直，上身保持后倾，后背挺直，腰背呈一条直线，肩部、颈部放松，手腕放平，仅用双臂拉桨。当双手将桨拉至胸肋处时，肘关节呈弯曲状态，并向后自然打开，与身体约成60°角。此时，稍向前下方按压桨柄，随后沿水平方向向前推手，直至手臂伸直，恢复为原姿势后重复练习。测功仪动作分解如图2-11所示。

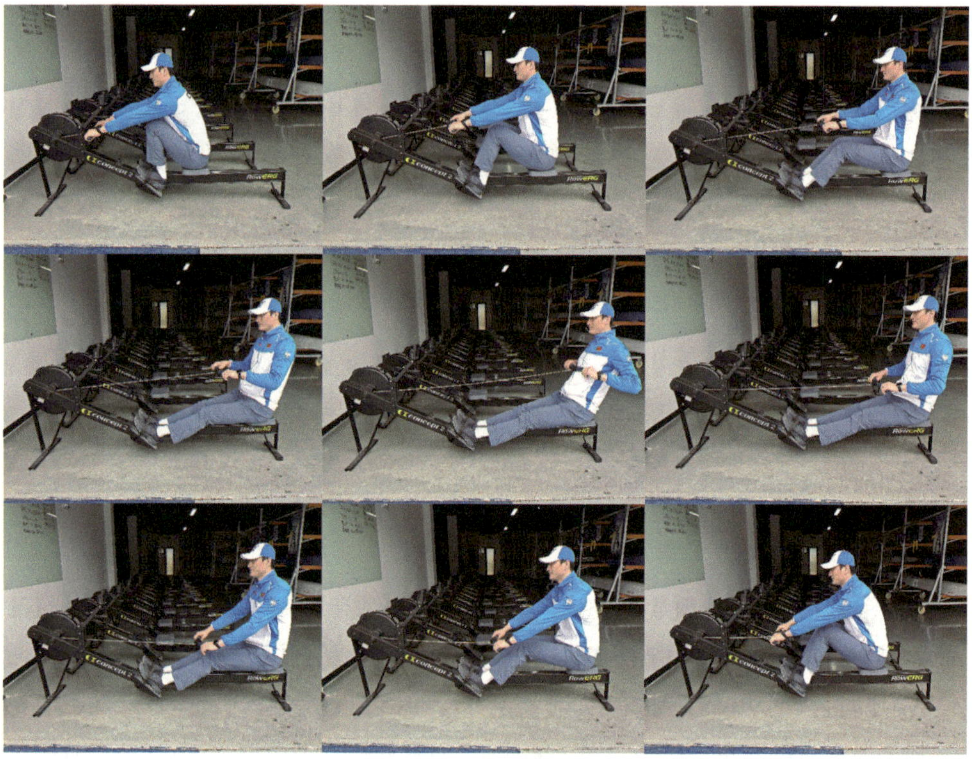

图2-11　测功仪动作分解

练习重点：体会水平拉桨和回桨动作，感受在后转换动作时身体躯干的姿态和肌肉发力感，同时，留意每一桨的出水节点。

难点：确保拉桨和回桨过程中水平用力，通过背阔肌发力和肘关节方向来控制拉桨的方向。

2. 直腿划练习

方法:双腿保持放松且伸直的状态,以背部发力带动手臂拉桨,身体维持在出水位置。随后按桨推手,当桨柄向前运动至膝关节位置时,上身前倾 20°~30°,恢复为原姿势后重复练习。

练习重点:强化拉桨、回桨过程中手臂与躯干的协同配合,掌握正确的回桨顺序。

难点:通过背部发力快速带动手臂屈臂,确保拉桨结束瞬间同步停止发力,实现技术动作的紧密协调衔接。

3. 直臂蹬腿练习

方法:先做好入水动作,然后开始蹬腿。在此过程中,保持上身和手臂固定不动,躯干与髋骨之间的角度保持不变。双腿蹬直后稍作停顿,再缓慢收腿回桨,恢复为原姿势后重复练习。

练习重点:专注通过蹬腿发力来拉桨,体会将身体重量悬挂于桨柄上的感觉;掌握缓慢、放松地回桨技巧。

难点:协调腿部与背部同步发力,避免出现先蹬腿或先倒体的现象。

4. 改变划程练习

方法:上半身动作与直腿划练习时保持一致,两个练习的不同之处在于收腿(即滑座移动)的距离,我们称之为划程。划程大致可分为 1/4 划程、1/2 划程、3/4 划程和全桨划。以 1/4 划程为例,从滑座向表头方向移动 1/4 距离(此时桨柄约位于脚踝正上方)开始,准备好后,先蹬腿,再倒体屈臂,随后按手臂、身体、双腿的顺序复位,直至双腿回到 1/4 划程位置处,再重复练习。其他划程以此类推:1/2 划程时,桨柄约在脚尖正上方;3/4 划程时,桨柄约在桨柄挂钩正上方;全桨划时,双腿要尽力收拢,使桨柄接近链条底部。

练习重点:体会蹬腿发力与后倒屈臂之间的衔接,在拉桨末期尝试将蹬腿、倒体、屈臂这三个动作融合,达到协调状态。

5. 超低桨频练习

方法:从出水动作开始,以大约每分钟 10 桨的慢桨频依次完成入水、拉桨、出水、回桨动作,并重复练习。

练习重点:促使身体各部位协调配合,以正确的动作顺序完成一个划桨周期。

练习过程中，要特别注意拉桨时的正确顺序为“蹬腿、后倒、屈臂”，回桨时顺序相反，即手臂先复位，随后依次是身体、双腿，切不可混淆。

难点：掌握正确的发力顺序。

6. 完整动作练习

方法：以大约每分钟 18 桨的桨频依次完成入水、拉桨、出水、回桨动作，并重复练习。

练习重点：体会划桨节奏，注意“快拉慢回”；同时，需注意拉桨用力、回桨放松，连贯地完成划桨动作。

难点：把握划桨节奏及拉桨与回桨的时间比例；确保拉桨过程中匀加速发力。

赛艇动作技术分析及指导视频扫描二维码即可观看。

第四节　抬船及上下码头

在下水前，赛艇运动员需要将艇只从船架上抬至河边下水，这一过程通常需要多人合作完成。抬船时，若有人突然撤力或遇到其他突发情况，稍有不慎就可能造成身体损伤，在抬船过程中，运动员尤其需要注意保护腰部。

1. 抬艇、抬桨

桨手们分立于船头和船尾，将艇和桨从艇库抬至码头。抬艇时需避开桨架，一人对应一个桨位，从前到后依次错开站位，分别将艇扛在左、右肩上。抵达码头后，桨手们先将艇举起，同时让靠码头外侧的脚紧贴码头边沿站立，再缓慢将艇放入水中，避免艇身与码头发生剐蹭，造成艇身损坏。

2. 装桨

装桨时，将桨的下边沿朝前水平放置。先将靠近码头一侧的桨装入桨环并拧紧桨环帽；再用桨叶轻轻拨开远离码头一侧的桨栓，将桨放入桨环。需注意，桨柄上的挡片应安装在桨环内侧。

3. 上艇、驶出码头

上艇前，运动员需脱下鞋子并沿码头方向呈直线摆放整齐。外侧桨手先上艇（此时内侧桨手在岸上扶好艇），将桨推至桨架前方，向后拨动滑座，脚踏在左、右滑轨中间贴有胶皮的踏脚区域。桨手在滑座上坐稳后，一手握桨，另一手拧紧桨环帽，再穿好鞋子。随后，内侧桨手以同样的方式上艇。初学者可在所有人都上艇准备就绪后，将靠码头一侧的桨收起，先以手推岸，再用桨叶推岸驶离码头。当桨手掌握平衡且技术较为熟练时，外侧桨手可在上艇时一脚上艇、一脚蹬岸，离开码头后再拧紧桨环帽并穿好鞋子。

4. 上岸

艇驶回码头时，桨手需视情况收起靠近码头一侧的桨并稍微翘起，避免桨叶发生磕碰。艇靠岸时，桨手一手支撑码头边缘以起到缓冲作用，防止艇与码头发生碰撞。内侧桨手先上岸并稳住艇；外侧桨手则拧松桨环帽、打开桨栓后，手持桨起身上岸。

卸桨：将内侧桨的桨环帽拧松，打开桨栓，将桨卸下。

抬艇：卸桨完毕后，桨手们需以相同的方式将艇和桨从码头抬回艇库。

上下水操作视频可扫描二维码观看。

第五节 舵　　手

培养一名舵手比训练一名桨手难度更大，因此，很多人将舵手视作一条艇的灵魂所在。因为他不仅要控制船的行进方向，还是掌握节奏、鼓舞士气的核心角色。

一、舵手的位置

舵手的朝向与桨手的朝向相反。舵手面向赛艇前进方向，桨手则背对赛艇前进方向。舵手的艇位（即舵手在船上的位置）有两种常见安排：一种是坐在船头（图 2-12），即 1 号位前面，背对所有桨手；另一种是坐在船尾（图 2-13），即 8 号位后面，直面领桨手，能将所有桨手的划桨动作尽收眼底。

当舵手位于船头时，可采取坐姿或躺姿，其优点有二：

一是降低重心。舵手作为船上唯一不做功的成员，通过降低重心，可减少艇只在行进过程中因惯性产生的前后摆动幅度，削弱对船速的不利影响。

二是视野开阔，便于精准打舵控制方向，也能清晰地观察其他艇只的情况。

但其缺点是舵手无法观察后侧桨手的情况，也不能及时与领桨手沟通。当舵手位于船头时，他可以专注打舵，这对于经验较少的舵手更为合适。但若想在这样的

图 2-12　舵手位置(船头)

图 2-13　舵手位置(船尾)

艇位对桨手发出合适的指令,就需要舵手具备丰富的比赛经验,同时桨手与舵手之间要有较高的默契。因为舵手只能依靠桨频表等辅助仪器、自身对船速的感知以及在日常相处中对桨手的了解来发出适当的指令。

当舵手坐在船尾时,其优势是能够及时与领桨手沟通,快速察觉各桨手的划桨状态,并及时提醒全船成员配合或者纠正错误动作。在比赛过程中,舵手要兼顾打舵、向领桨手传递信息、发出指令等多重任务,这对舵手的综合能力提出了较高要求。不过,该艇位也存在局限性,即舵手坐在船尾时重心偏高,不利于观察前进方向。因此,在这样的艇位安排下,若想减少舵手身体的前后摆动幅度,舵手需要尽量降低重心,并绷紧核心肌群以保持姿势。

二、舵手的职能

总的来说，舵手在船上的职能包括掌舵、传递信息和发出指令。

1. 掌舵

在训练和比赛中，了解舵叶的特性是舵手掌好舵的前提条件。在船尾下方有一个活动的舵叶，它由舵手手中的舵绳来控制。掌舵时，舵手将双手置于船舷上沿，以食指和大拇指轻握船舵套索或桨柄，其余三指轻勾船舷，使舵柄平稳自然地向前移动。通常情况下，当左手向前推舵绳时，船头会向左摆动，即船会向左行进；当右手向前推舵绳时，船头会向右摆动，即船会向右行进。

在比赛中，艇只应尽量在航道中央滑行。若艇只偏离航道，需要舵手灵活地微调舵叶来校正行进方向，具体需要注意以下两个细节。

(1) 轻微调整舵叶，并尽量在划桨时打舵，回桨时将舵回正。当舵的方向突然改变时，艇只容易失去平衡，进而造成船身倾斜，这不利于左右桨的配合与动作发力。因此，必须尽量通过微调舵叶来调整方向。此外，划桨时，桨叶在水下，此时船身比较稳定；回桨时，没有桨叶在水下稳定船身，船身容易左右倾斜。因此，划桨时打舵对船身平衡的影响较小，有利于桨手技术发挥。

(2) 船舶转向时，舵手需提前打舵以预判方向调整的时机。其原理在于：当左右桨力量不平衡产生转向力矩时，船头虽已开始转向，但船体因惯性仍会保持原方向运动。此时，船速在原方向的分速度会随时间逐渐减小(如从 V 逐渐衰减至 V')，而非瞬间消失。从船头转向开始到原方向分速度完全归零的过程中，船将持续朝着原方向漂移。因此，舵手必须提前操作，使转向动作与分速度归零的过程同步完成，从而确保船舶精准转向至目标方向，避免因惯性延迟导致航线偏离。这一过程体现了惯性对运动状态的持续影响及提前控制的重要性。

2. 传递信息

舵手在船上的另一个重要作用是传递信息。在比赛过程中，舵手需要及时将航道转弯情况、领桨手的节奏变化、战术调整、桨频变化等信息传递给其他桨手；同时，将赛场上观察到的航道状况、其他艇只的动态(如艇只距离、与终点的距离、桨频差异及变化等)及时告知桨手，协助领桨手制定战术、提振士气等。在训练过程中，舵手负责将教练的训练计划传达给桨手。

3. 发出指令

舵手相当于船上的副教练，他需要对每个桨手的情况了如指掌，包括桨手的性情、技术特点、力竭点、精神临界点和情绪共情点等。

在训练过程中，舵手需要及时发现桨手的各种问题，例如桨手的身体框架是否正确、桨叶入水深度是否合适、划桨节奏是否恰当、划桨效果是否理想等，并给出简短指令进行纠正。舵手不仅要通过眼睛发现错误，还需调动其他感官感知船只状态，如船速、桨手划桨节奏等，将桨手或船只的错误表象与技术动作偏差建立关联，进而给出正确的解决指令。例如，视觉观察：桨叶是否入水太深，是否提前转桨；身体感知：察觉桨手是否出现冲滑座现象（即回桨时腿部是否放松、是否利用惯性回桨）、船速是否降低等。

在比赛过程中，舵手需要用简短有力的语言提振士气，尤其在桨手体力不支时，帮助其激发前进动力。措辞要因人而异，例如在长距离划行时，需要找到桨手的共情点——或是超越劲敌的渴望，或是珍惜队友的划船情谊，等等。

大道至简，舵手作为船上唯一不直接做功的人，需要充分了解赛艇运动中的各种关系——艇只与水的关系、艇只与人的关系，人与人的关系等。前二者结合构成了艇只-水-人的关系，也形成了赛艇的技术特点，了解这一点，有利于更好地掌舵及履行“副教练”的职责；而后者，即人与人的关系，则要求舵手主动了解各个桨手的技术特点与性格特质，赢得桨手的信任，从而有效地协调整条艇，激发桨手的无限潜力，真正成为一条艇的灵魂人物。

第三章
赛艇的分类与装置介绍

第一节 赛艇的分类

依据赛艇划行的水域条件进行分类，赛艇可分为静水赛艇、海岸赛艇和海洋赛艇。其中，狭义上所说的赛艇通常指静水赛艇。

一、静水赛艇

目前，国际赛艇联合会设立的世界赛艇锦标赛共有 23 个项目，分为 4 个级别，分别是男子公开级、男子轻量级、女子公开级和女子轻量级。每个级别按运动形式分为单桨和双桨，按参赛人数分为单人、双人、四人和八人；部分项目还区分有舵手和无舵手。静水赛艇分类如表 3-1 所列。

表 3-1 静水赛艇分类

分类	赛艇样式	特点
单人双桨艇	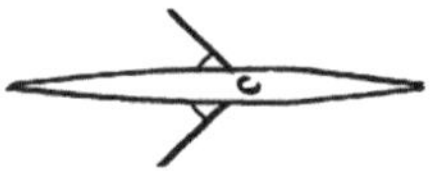	艇长 8.2 m；艇重量大于或等于 14 kg
双人单桨无舵手艇	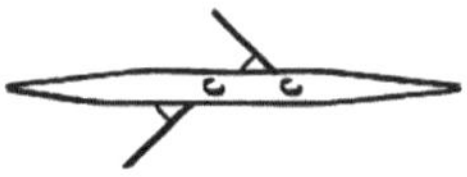	艇长 10.4 m；艇重量大于或等于 27 kg
双人单桨有舵手艇	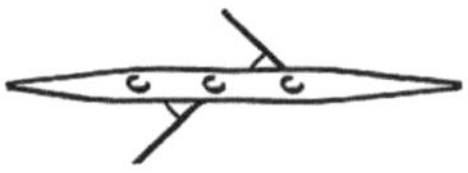	艇长 10.4 m；艇重量大于或等于 32 kg
双人双桨艇	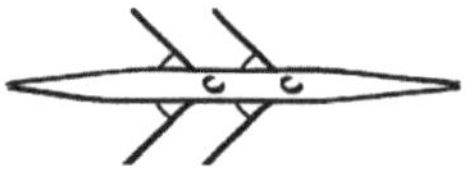	艇长 10.4 m；艇重量大于或等于 27 kg
四人单桨无舵手艇	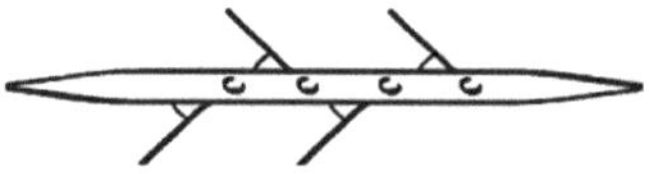	艇长 13.4 m；艇重量大于或等于 50 kg
四人单桨有舵手艇	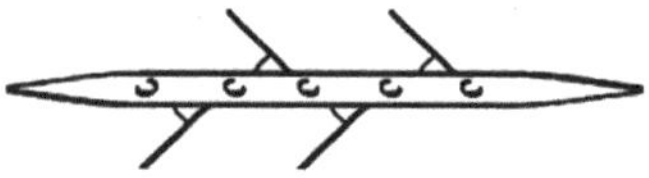	艇长 13.7 m；艇重量大于或等于 51 kg
四人双桨艇	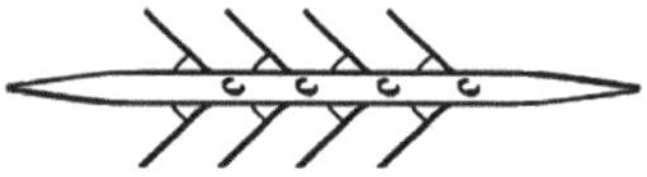	艇长 13.4 m；艇重量大于或等于 52 kg

（续表）

分类	赛艇样式	特点
四人双桨有舵手艇	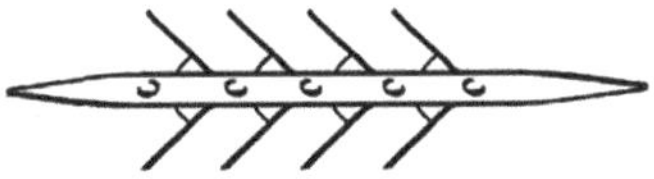	艇长 13.7 m；艇重量大于或等于 53 kg
八人单桨有舵手艇	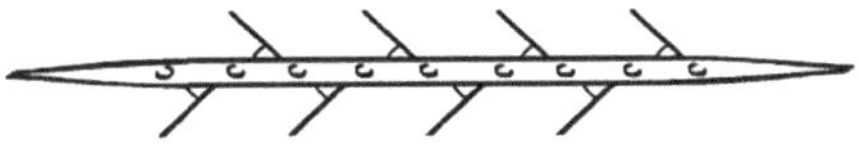	艇长 19.9 m；艇重量大于或等于 96 kg

赛艇运动员中，桨手的身材通常高大强壮，这样的身材可以保证较长的划桨距离；舵手的身材通常较为矮小，这样可以降低赛艇的总重量。舵手通常有体重限制（不小于 55 kg），并且最新的国际赛联竞赛规则对舵手性别不作限制。为了给身材相对精干的桨手提供公平的竞赛环境，赛艇赛事按体重分为轻量级比赛和公开级比赛。其中，公开级比赛对桨手体重没有限制，轻量级比赛则对桨手有体重限制。赛艇桨手体重限制如表 3-2 所列。

表 3-2　赛艇桨手体重限制

分类	简称（以 8 人艇为例）	体重限制
男子公开级	M8 +	桨手体重不限
男子轻量级	LM8 +	单人艇运动员体重不得超过 72.5 kg； 多人艇运动员个人体重不得超过 72.5 kg，平均体重不得超过 70 kg
女子公开级	W8 +	桨手体重不限
女子轻量级	LW8 +	单人艇运动员体重不得超过 59 kg； 多人艇运动员个人体重不得超过 59 kg，平均体重不得超过 57 kg

注：表中“M”表示男子，“W”表示女子，“L”表示轻量级，“ + ”表示有舵手。

此外，由于需要考虑赛艇“水线”①的位置，不同体重的运动员应选择对应重量级的赛艇。

当体重较轻的船员坐在重量级的赛艇上时，艇体在水中的位置较高。从水摩擦角度来看，这似乎是有益的，即较少的艇体表面与水接触意味着摩擦更小。但此举会升高船员重心，降低艇的稳定性。不仅如此，划艇时，由于更多的艇体暴露在空气中，还会产生更大的风阻。而当艇体在水中的位置较低时，也会影响桨手划桨时的发力。

因此，针对不同体重的运动员，除了赛事分级分组存在区别，在赛艇设计制造方

① 水线是指所有桨手和舵手坐在赛艇上后，水平面与艇身的接触线。

面也有专门考量。以 WINTECH 公司制造的船艇为例，主要分为表 3-3 所列的 5 个级别。

表 3-3　船艇分级分组

分类	特点
超轻量级	为轻量级女性设计，可容纳平均体重为 50～75 kg 的船员
轻量级	为轻量级男性设计，可容纳平均体重为 60～85 kg 的船员
公开级	适合平均体重为 75～90 kg 的船员
重量级	为重量级男性设计，适合体重在 85 kg 以上的船员
超重量级	为高身材及超重量级男性设计，适合体重在 90 kg 以上的船员

二、海岸赛艇

海岸赛艇与静水赛艇项目不同，其活动主要在沿海等公开水域开展。由于公开水域风浪变化不定，故海岸赛艇与奥运会等赛事中在静水环境下所使用的艇只差异显著。海岸赛艇的艇身非常坚固且较为稳定，艇尾设计成开放式，这样能让流入艇内的海水自然排出，从而确保在恶劣水面环境下能够安全划行。海岸赛艇如图 3-1 所示。

图 3-1　海岸赛艇

海岸赛艇主要分为单人双桨艇、双人双桨艇和四人双桨有舵手艇，具体分类如表 3-4 所列。

表 3-4　海岸赛艇分类

分类	赛艇样式	特点
单人双桨艇	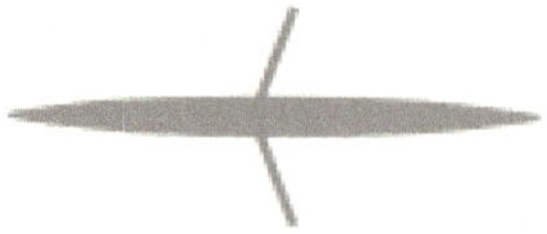	艇最大长度为 6.0 m； 艇重量大于或等于 35 kg

（续表）

分类	赛艇样式	特点
双人双桨艇	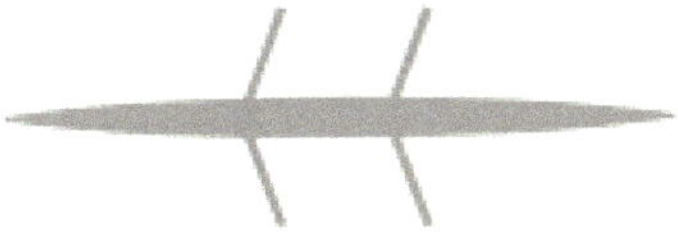	艇最大长度为 7.5 m； 艇重量大于或等于 60 kg
四人双桨有舵手艇	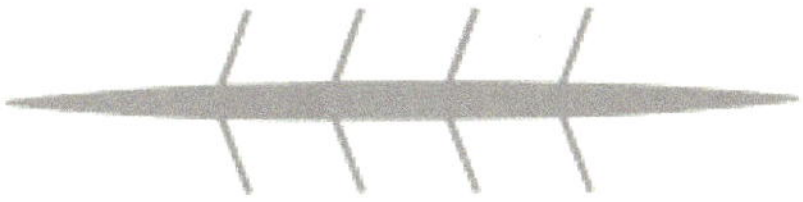	艇最大长度为 10.7 m； 艇重量大于或等于 150 kg

三、海洋赛艇

海洋赛艇是专为 1～16 名船员跨大洋划行而设计的艇型。其采用海洋级胶合板、玻璃纤维或碳纤维及其他复合材料，按坚固耐用的标准进行设计建造，能够抵御海洋的恶劣天气，保障船员安全。为防止赛艇在海洋的大浪中倾覆，所有船只均设计为自对中结构，并且每艘船都经过倾覆测试，以确保该设计功能可以正常运行。艇上配备有长途旅行所必需的一些设备，包括安全设备、通信设备和电气设备。考虑到船员可能会在船上停留数日、数周甚至数月，因此艇上还设有休息空间。每艘艇的两端各设有一个防水客舱，中间是驾驶舱。通常，一间客舱用于物资存储，另一间客舱用于住宿，船员不划船时可以在舱内休息。海洋赛艇如图 3-2 所示。

图 3-2　海洋赛艇

第二节　赛艇的相关设备

一、艇上设备

以单人艇为例，艇上设备主要包括滑座、脚蹬板、滑轨、桨架、桨栓、舱口盖等，如图 3-3 所示。

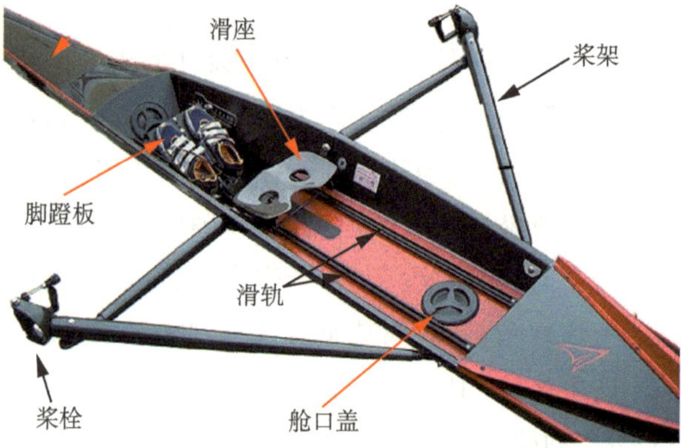

图 3-3　单人艇设备

1. 脚蹬板

脚蹬板是运动员在艇上拉桨发力时的“立足点”。脚蹬板上配备有供运动员穿着的运动鞋，划船时脚蹬板和鞋子均处于固定状态。鞋子采用方便快速穿脱的魔术贴绑带，鞋后跟处绑有与脚蹬板相连的安全绳，这样能确保翻船时桨手可以快速脱离。通常，在没有舵手的艇上，其中一位桨手的右鞋与船底转向机构相连，用于调节航向。

另外，通过松开脚蹬板上的蝶形螺母，提起并滑动脚蹬板，即可调节脚蹬板的位置和角度，从而适配不同身高的桨手。

2. 滑座

滑座又称座板，其下方带有轮子，可以在滑轨上滑动。赛艇运动员对滑座轮子的性能要求很高：既不能松动或过度磨损，又不能因轮子差异导致滑行受阻。滑座的使用能让赛艇运动员充分发挥腰背和腿部的力量。

3. 滑轨

两条平行滑轨为滑座提供运行轨道。滑轨两端均设有塑料挡块，以防滑座脱离滑轨。

4. 舱口盖

舱口盖是圆形的活动塑料板，带有手柄和螺纹。

5. 桨架

赛艇桨架通过多支柱或机翼结构提供力学支点，并依靠可开合的桨栓实现划桨与回桨的周期性动作。其设计需在材料强度、轻量化、流体效率之间达成平衡，最终服务于赛艇运动的爆发力输出与竞速性能的优化。

6. 桨栓

桨栓位于桨架末端，用于将船桨固定在艇上。每次划艇前须确保桨栓紧紧扣住。

7. 赛艇船舵

舵手位置位于船首或船尾，配备两根控制船舵的绳索。在有舵赛艇中，舵手通过舵和内置转向装置来操纵艇的前进方向。

8. 防撞安全球

防撞安全球安装于船头和船尾，用于避免赛艇直接与其他船艇或水中漂浮物发生碰撞，如图 3-4 所示。

图 3-4　防撞安全球

图 3-5　桨手登船点

除了以上介绍的这些，还有一点需要特别注意，即船壳其实非常脆弱。船上仅有如图 3-5 中所圈的加固点具备足够硬度，可供运动员站立。该加固点位于滑座附件底部，需将滑座后移才能看清。这是运动员在艇上唯一可踩踏的位置。

二、桨

桨主要分为桨柄、桨盘和桨叶三个部分，如图 3-6 所示。

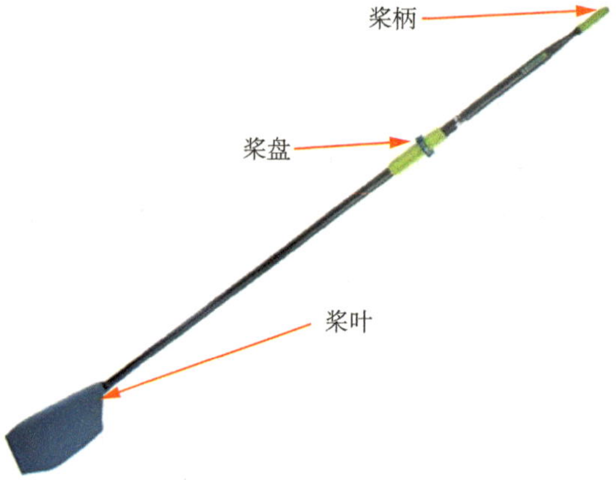

图 3-6　桨的构造

1. 桨柄

赛艇桨细长，一端为桨叶，另一端为桨柄。划双桨时，桨手需将大拇指放在圆杆末端，把桨向外顶，使桨盘始终顶在桨栓上，确保在水的反作用力下也能稳定划桨。

2. 桨盘

桨盘主要用于连接赛艇上的桨栓，桨盘和桨栓形成类似杠杆的物理结构，赛艇选手通过划动船桨来推动赛艇前进。一旦桨盘受损或者桨栓未扣紧，桨手就无法发力，赛艇也就失去了前进的动力。

3. 桨叶

赛艇桨一般分为双桨和单桨，二者的区别主要体现在桨杆的长度、粗细和桨叶大小方面。使用单桨时，由一人双手握住桨柄和桨杆，在单侧扇形区域做功；使用双桨时，则由桨手单手各握一支桨的桨柄，在左、右双侧扇形区域做功。通常，单桨的长度、粗细和桨叶大小规格均大于双桨。

三、数据测量显示设备

1. 舵手指挥仪

NK 公司生产的 COX BOX 舵手指挥仪可放大舵手音量，确保所有桨手能清晰听到舵手的指令。同时，它还可以为赛艇训练和竞赛提供精确的测量数据，包括时间、划桨速率和划桨数，这些数据会清晰显示，并且系统会自动将划桨速率数据存储至存储器以便后续读取。舵手指挥仪具备易安装、易使用、小巧、轻便、坚固、防水等特性，如图 3-7 所示。

2. 电子桨栓

NK 公司生产的 Empower Oarlock 电子桨栓可实时测量并显示每一桨划水的桨长和桨力，便于训练时进行数据分析，如图 3-8 所示。

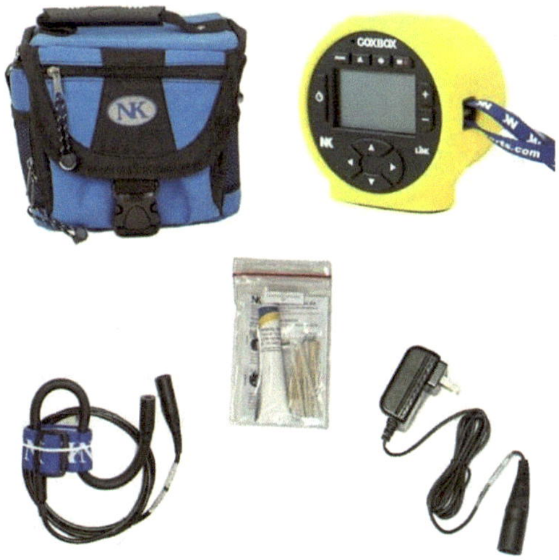

图 3-7　舵手指挥仪

图 3-8　电子桨栓

四、辅助设备

1. 稳定器

稳定器可安装在桨架下方，起到稳定船艇的作用，适用于初学者练习时使用，能有效防止船艇倾覆，如图 3-9 所示。

2. 后视镜

后视镜可使桨手无需回头便可了解身后的情况，如图 3-10 所示，常用于无舵手的单人艇或双人艇。

图 3-9　稳定器

图 3-10　后视镜

第三节　调 艇 技 术

调艇技术是一项通过科学调整赛艇设备参数与桨手动作的协同关系，实现人体动能向船速高效转化的专项技术。其核心目标包含双重维度：在力学层面，需解决肌肉功率输出与桨叶水动力作用的时空匹配问题——人体肌肉收缩做功具有非恒定性特征，通过桨栓距、桨架高度等参数优化，可使桨手在抓水阶段等关键发力点达到最佳生物力学姿势要求；在动力学层面，则需维持船体重心稳定，避免因失衡引发桨频波动与附加阻力。具体实施围绕三大目的展开：一是优化发力效能，使桨叶入水深度与角度精准匹配桨手力量输出曲线；二是通过调节桨手垂直高度与水平间距构建动态平衡系统；三是提升能量经济性，通过对脚蹬板角度进行人体工学调整来降低关节负荷。本节将介绍调艇的必要工具、基本术语和方法步骤。

一、调艇工具

工欲善其事，必先利其器。调艇主要用到以下这些工具。

1. 测量工具

测量工具包括高度尺、水平尺、卷尺、量角器、气泡水平仪、记号笔等，如图 3-11 所示。

2. 调整工具

调整工具包括螺丝刀、8～19 号扳手、0.5～2 cm 垫片等，如图 3-12 所示。

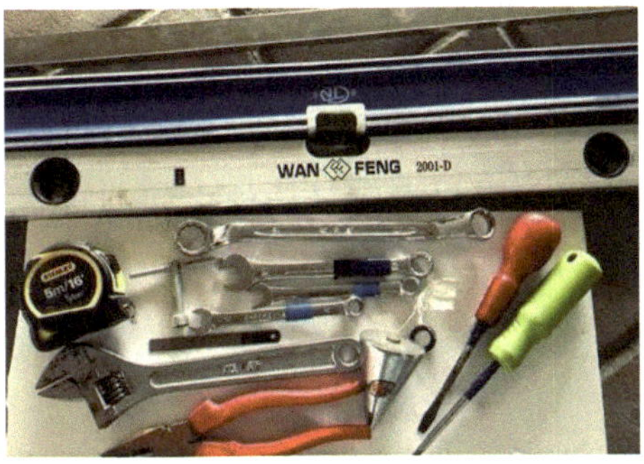

图 3-11　测量工具

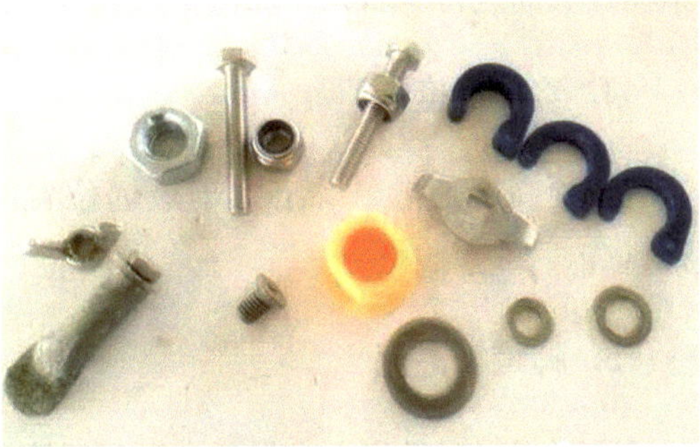

图 3-12　调整工具

二、调艇术语

一般来说，尽管赛艇分为单桨艇和双桨艇，但用于赛艇及其设备的命名术语，以及单桨艇和双桨艇的调艇方式是相同的。调桨基本术语如图 3-13 所示。

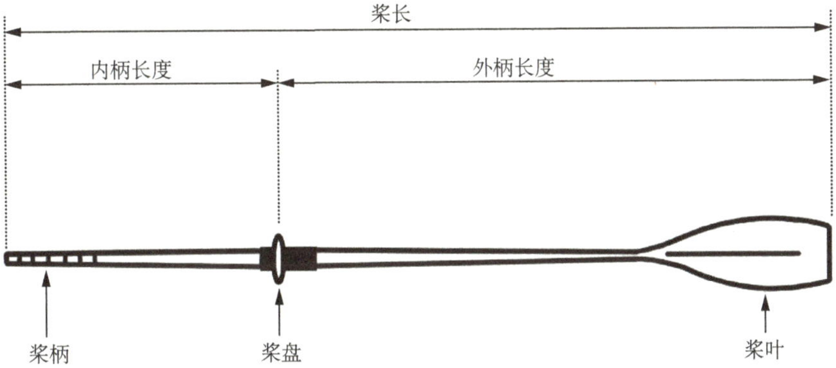

图 3-13　调桨基本术语

1. 桨的内柄长度和外柄长度

桨的内柄长度是指从桨柄到桨盘的长度。桨的外柄长度是指从桨盘到桨叶的长度。测量时均需沿着桨的中心线进行。

2. 桨栓距

双桨赛艇的桨栓距是指两个桨栓柱中心之间的距离。

3. 桨栓中心距

单桨赛艇的桨栓中心距是指船艇中心与桨栓柱中心之间的距离。测量时须在桨栓柱底面进行。若在顶面测量，桨栓柱的任何倾斜都会导致读数出现偏差。

4. 桨栓高度

桨栓高度是指当滑座处于最远位置时，桨架底部与滑座最低处之间的垂直距离。

5. 脚蹬板高度

脚蹬板高度是指滑座最低点到脚后跟的垂直距离。

6. 脚蹬板角度

脚蹬板角度是指脚蹬板与船艇水平面之间的夹角。

7. 桨栓柱斜度

桨栓柱的纵向斜度和横向斜度是指桨栓柱与垂线之间的夹角。

赛艇的船舱构造如图 3-14 所示。

三、调艇方法

调艇前，需将艇摆放在水平且光照良好的地面上。准备好所需工具，并找一人协助控制船艇的横向水平位置。调整过程中，务必固定好船艇。随后按照以下步骤有序调艇。

1. 调整桨长及内柄长

桨长和内柄的尺寸会直接影响拉桨的杠杆作用。短桨或长内柄的设置会降低桨手对负载的感知，因此建议在比赛中根据风向进行调整：顺风时，可适当加长桨的长度，并缩短内柄长度；逆风时，则进行反向调整。桨长可通过桨柄处的螺丝进行调节，内柄长度可通过移动桨盘位置来调节。单桨的内柄长一般为 110～118 cm，双桨

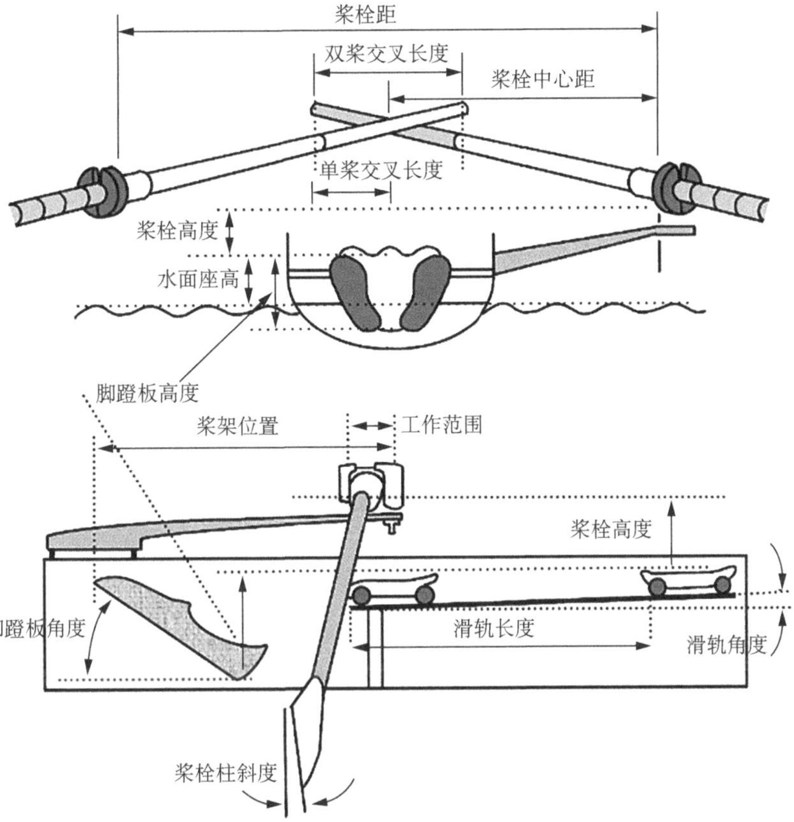

图 3-14　船舱构造

的内柄长一般为 85～90 cm。

2. 调整脚蹬板的高度、角度和位置

脚蹬板的位置设置旨在帮助桨手找到一个既放松又有力的抓水点。过陡或过高的脚蹬板会导致桨手无法实现长距离抓水，进而造成桨叶匆忙入水；过平和过低的脚蹬板则会使桨手抓水无力，同时还可能引发小腿肌肉抽筋。

大多数赛艇的脚蹬板都是可以调节的。通常来说，脚蹬板的舒适高度范围为 15～18 cm，舒适角度范围为 38°～42°。此外，脚蹬板的位置也很重要，因为它决定了桨在入水和出水时的位置。因此，调整脚蹬板位置时，需要结合运动员的划船技术以及运动员相对于回转工作面的位置进行统筹考虑。图 3-15 显示了脚蹬板放置的效果，其中 4 号脚蹬板位置离船尾太近，1 号脚蹬板位置离船头太近，2 号脚蹬板和 3 号脚蹬板的位置基本正确。调节脚蹬板时，只需松开连接脚蹬板与艇的蝶形螺母，再沿凹槽移动脚蹬板即可。

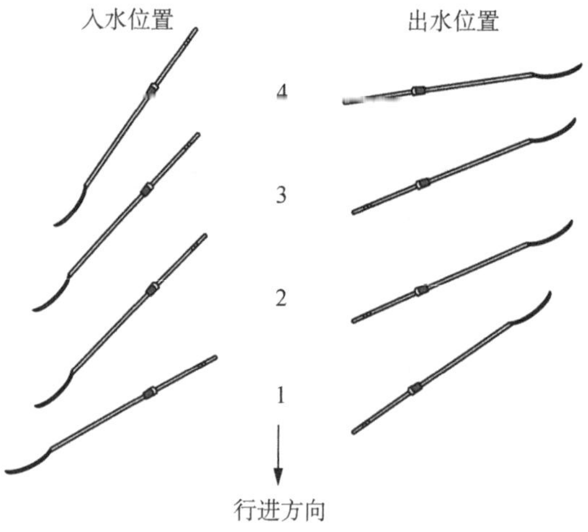

图 3-15　划桨过程中不同脚蹬板位置对应的桨叶变化

3. 调整滑轨

为确保桨手在拉桨与回桨时滑座可以运行到位，须将滑轨调整至合适位置。滑轨的标准长度通常为 70～75 cm，可通过拧松座舱内部的滑轨固定螺丝来调节滑轨位置。

4. 调整桨栓中心距

桨栓中心距和内桨长度共同决定了桨的水平划幅。当然，这两个尺寸必须相互匹配，因为内桨长度在很大程度上会影响桨栓中心距的力学效应。如果在设置过程中二者不能相互匹配，那么桨手的划桨动作就会偏离船的中心线，划船效率也会降低。较小的桨栓中心距会延长拉桨的水平划幅，使桨的工作段更靠近出水位置；较大的桨栓中心距则会缩短拉桨的水平划幅，减少拉桨阶段的时间，这也是在相同桨长或负载情况下桨手会感觉更为省力的原因。

1）双桨艇的桨栓距

在双桨艇中，桨栓距是指两个桨栓柱之间的距离，通常为 156～160 cm，如图 3-16 所示。值得注意的是，必须确保两个桨栓到船艇中心线的距离相等。

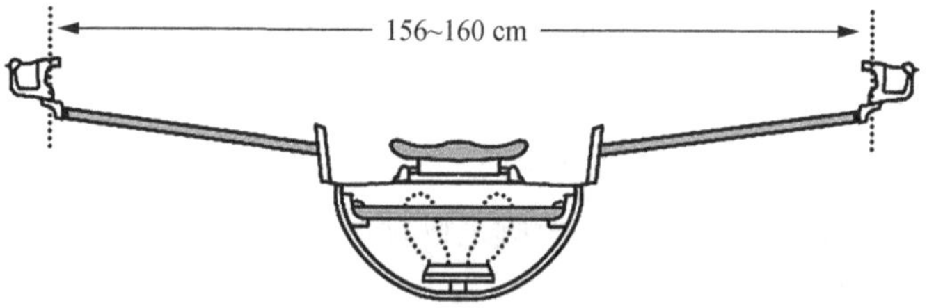

图 3-16　双桨艇桨栓距

2）单桨艇的桨栓中心距

单桨艇的桨栓中心距往往因艇而异，因为它取决于桨手的身材、力量以及艇的类型。一般按照以下流程来调整单桨艇每个座位的桨栓中心距：

（1）测量艇的船体宽度，如图 3-17(a)中 1 对应的长度。

（2）测量从船的边缘到桨栓中心的距离，如图 3-17 中 3 对应的长度。

（3）图 3-17(a)中 3 对应的长度加上图(a)中 1 对应长度的一半即为桨栓中心距，如图 3-17(a)中 2 对应的长度。这个长度通常在 80～90 cm 范围内，如图 3-17(b)所示。

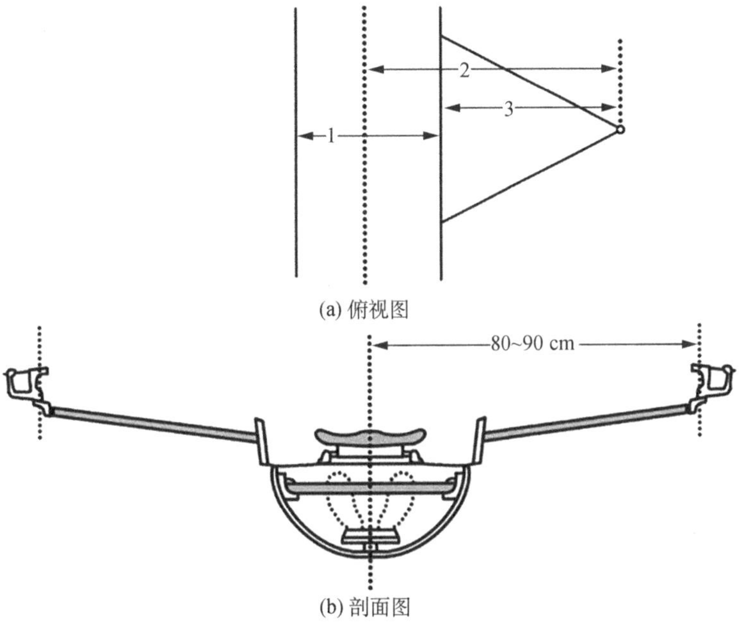

图 3-17　单桨艇的桨栓中心距

5. 调整桨栓高度

桨栓高度对桨手的拉桨效率和功率均有显著影响。设置桨栓高度时，需要根据桨手的体重、技术水平以及船艇的构造进行调整。过低或过高的桨栓都会影响拉桨做功的有效性。过低的桨栓会使桨手产生大量垂直方向的推力，导致桨叶入水过深；过高的桨栓则会对桨手的技术动作产生负面影响，导致桨叶入水过浅及船身失衡。桨栓高度通常为 16～18 cm，可通过移除或增加桨栓上下的垫圈或垫片进行调节。

6. 调整桨叶角度

调整桨叶角度会改变桨手对艇施加的升力。桨叶角度越大，就会有越多的力量推动赛艇向前(而非向上),但同时也会产生更多的阻力。一般来说,桨叶角度建议为 4°~8°。对于初学者而言,建议将桨叶角度设置为 8°左右。随着运动员技术水平及熟练程度的提升,可适当减小桨叶角度。

桨叶角度的测量方法如下:

(1) 将船桨放在桨架上,并让助手紧紧握住艇桨轴或工作面的平后方,使桨盘紧贴桨栓。

(2) 将桨垂直于船身放置,并保持在与船在水中的深度相当的高度。

(3) 在叶片顶部,离叶片顶端 5 cm 处悬挂一根加重的绳子,使其自然悬挂在叶片前方直至稳定。

(4) 测量叶片底缘到吊绳的水平距离,如图 3-18 中 h 的长度。

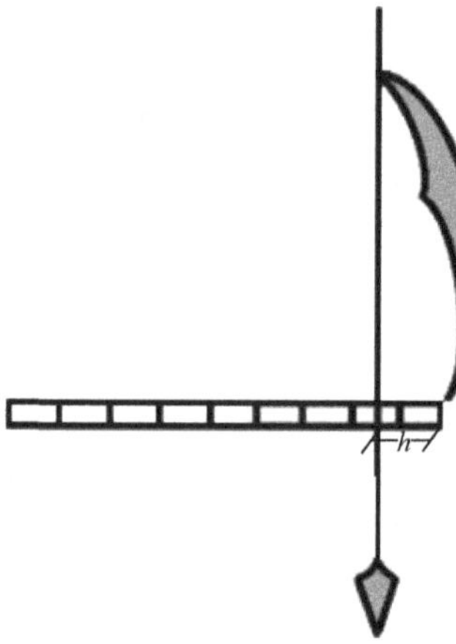

图 3-18 叶片底缘到吊绳的水平距离

(5) 测量刀刃距尖端 5 cm 处的宽度。

(6) 根据这两个测量值确定桨叶角度。

只需对设备进行简单调整,即可获得所需的桨叶角度。一般来说,这种调整可通过两种方式实现:一是改变桨栓上的垫片;二是松开转向器总成上的锁紧装置并进行适度调节。对于后一种调整方式,最好不改变桨栓柱的垂直位置。

四、调艇步骤

调艇的标准程序如下:

(1) 将赛艇放置于开放平坦工作区内的合适支撑结构上。

(2) 清洁赛艇及其附属设备。

(3) 检查艇上所有活动部件。

(4) 检查并固定桨架螺栓。

(5) 检查并调整滑轨位置。

(6) 调整脚蹬板的角度、高度和位置。

(7) 调整桨栓距或桨栓中心距。

(8) 调整所需的桨栓高度

(9) 调整桨长与内柄长度。

(10) 将桨固定在桨架上,调整桨叶角度。

(11) 重新检查桨栓高度。

(12) 检查桨栓扣的锁紧装置。

(13) 检查桨栓转向器是否转动顺畅。

(14) 确保桨架上所有螺母和锁紧装置牢固可靠。

(15) 当船在水面上时,检查脚蹬板设置是否正确,确保所有桨叶出水位置一致。

调艇常用数值如表 3-5 所列。

表 3-5　调艇常用数值

<table>
<tr><th></th><th>船艇</th><th colspan="3">桨栓中心距(单桨)或桨栓距(双桨)/m</th><th colspan="3">桨长/m</th><th>内柄长/m</th><th>桨架高度/cm</th></tr>
<tr><td rowspan="5">单桨</td><td>2−</td><td>0.88</td><td>0.86</td><td>0.85</td><td>3.70</td><td>3.72</td><td>3.75</td><td rowspan="5">内柄长 = 桨栓中心距 + 0.3 m</td><td rowspan="5">根据选手体重及坐高调整</td></tr>
<tr><td>2+</td><td>0.89</td><td>0.89</td><td>0.86</td><td>3.70</td><td>3.72</td><td>3.75</td></tr>
<tr><td>4−</td><td>0.87</td><td>0.87</td><td>0.84</td><td>3.71</td><td>3.73</td><td>3.76</td></tr>
<tr><td>4+</td><td>0.88</td><td>0.88</td><td>0.85</td><td>3.70</td><td>3.72</td><td>3.75</td></tr>
<tr><td>8+</td><td>0.86</td><td>0.86</td><td>0.83</td><td>3.71</td><td>3.73</td><td>3.76</td></tr>
<tr><td rowspan="3">双桨</td><td>1×</td><td>1.62</td><td>1.60</td><td>1.58</td><td>2.85</td><td>2.88</td><td>2.91</td><td rowspan="3">内柄长 = (桨栓距/2) + 0.08 m</td><td rowspan="3">右舷:20、18、16;
左舷:18.5、16.5、14.5</td></tr>
<tr><td>2×</td><td>1.62</td><td>1.60</td><td>1.58</td><td>2.85</td><td>2.88</td><td>2.91</td></tr>
<tr><td>4×</td><td>1.61</td><td>1.59</td><td>1.57</td><td>2.86</td><td>2.89</td><td>2.92</td></tr>
</table>

注:① 表中数字表示桨手人数,"×"表示双桨,"+"表示有舵手,"−"表示无舵手。

② 右舷和左舷是指赛艇前进方向的船体右侧和左侧,这与我国习惯以运动员右手、左手区分右桨和左桨的叫法相反。

③ 桨栓距缩小、桨长增大会导致拉桨水平弧度延长,此种情况适合力量较大但身高臂长较短的选手;桨栓距增大、桨长缩小会导致拉桨弧度缩短,此种情况适合力量较小但身高臂长较长的选手。

第四节　赛艇的保养与维修

为确保赛艇器材能够长期正常使用,对其进行适当保养至关重要。一方面,需增强运动员保护赛艇器材的意识并普及基本知识;另一方面,要防患于未然,做好日常器材保养工作并及时进行维修。

一、赛艇器材的保养

为了使赛艇船体及相关活动部件保持良好的运行状态,需从以下五个方面进行维护保养。

1. 保持赛艇外壳清洁

每次训练结束后,需用清水冲洗船只和桨。湖泊、河流及海湾水中的盐分和化学物质会腐蚀船体材料,适当的淡水清洗可延缓船体老化过程。保持外壳干净有很多好处,其中最为重要的是,桨手在干净的船上划船时体验感更佳。在大多数情况下,外观整洁的器材往往更容易得到妥善维护。良好的清洁不仅能大幅减少运动部件的磨损,还能有效保护船体。每次使用后,及时冲洗并擦拭船壳和船底,可清除大部分污垢。此外,每周用清洁剂彻底清洗一次,可以去除大部分会侵蚀齿轮的沙砾等杂质。

2. 对赛艇外壳进行保养

首先,若赛艇长时间在阳光下存放或在水质不佳的水域中划行,需定期为赛艇外壳打蜡。打蜡可有效保护赛艇的漆面,不仅能隔离水域中的污染物,还能显著减少船壳可能受到的紫外线辐射(这对露天存放船只的使用者来说尤为重要)。其次,每年使用抛光剂对船体进行 1～2 次抛光,可有效清除蜡和浮渣的堆积。

3. 出现异常立即维修

保持赛艇完好的关键是在发现异常时立即维修。若赛艇在脚蹬板松动的情况下仍被长期使用,会对其支撑结构构件造成损害,甚至可能损坏船体。若划船过程中部件出现松动,拖延修理可能会导致器材寿命缩短数月甚至数年。异常持续时间越久,对船体造成严重损伤的风险就越大。

若赛艇出现故障需维修但暂时没有时间或不具备相应技能来处理时,可以先采取一些临时性措施,例如在船体小裂口处粘贴透明胶带,并及时联系赛艇制造商或维修专家。

4. 对活动部件适当润滑

每周至少应对轨道、滑座轴承和桨栓转向器进行清洁与润滑。需注意的是,通常会在转向器上涂抹凡士林油,以此让桨转动更加灵活,但这可能会导致沙子等颗粒堆积，进而对转向器和桨造成损害。因此，应定期清除旧润滑剂并更换新的润滑剂。

5. 妥善存放赛艇

赛艇的存放方式会对其使用寿命产生重大影响。高温环境、紫外线长期照射以及从船架上跌落是导致赛艇外壳损坏的主要原因。存放赛艇时，首先需将其妥善放置在平稳的船架上；其次，要避免赛艇受到各种环境因素的影响（尤其是太阳直射）；最后，如果将其存放在室外（即使仅存放 2 min），也需确保将其绑紧。这些措施将显著延长赛艇的使用寿命。

二、常见问题及对策

赛艇的某些迹象可能预示着器材异常，以下列出 7 个常见的问题及其原因，并提出对策。

（1）滑座颠簸或滑轨磨损，见图 3-19。

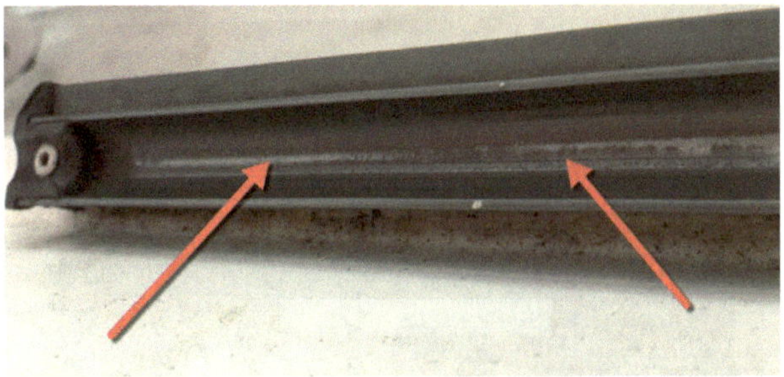

图 3-19 滑座磨损

原因：滑轨磨损。过度磨损会影响划船技术并损坏滑座。

对策：滑轨磨损属正常现象，但若影响滑座正常滑动，则需更换滑轨。

（2）船体过度摇晃。

原因：赛艇失去刚度。

对策：先进行刚度测试评估，再咨询制造商或赛艇维修专家，以获取损伤程度判断及后续处理建议。

（3）脚蹬板位置船舱磨损，如图 3-20 所示。

原因：船舱内部损坏通常是划艇时脚后跟反复撞击船体，或坚硬的水壶在船舱内滚动摩擦所致。对于夹心复合材料船体，此类损伤可能导致水浸入船体层。

对策：调整脚蹬板至合适高度，用柔软的材料包覆水壶，以防进一步损坏船体；若船体层磨损严重，须及时修复。

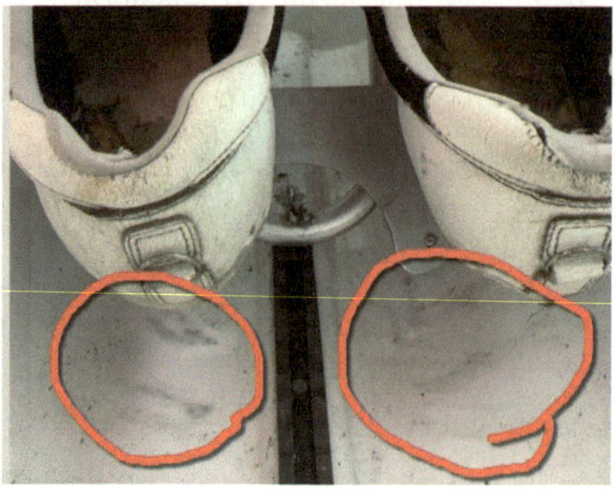

图 3-20　船舱内部脚蹬板出现磨损痕迹

图 3-21　赛艇船头/船尾舱中有水或泥渍

(4) 赛艇船头/船尾舱中有水或泥渍，见图 3-21。

原因：船舱存在漏水情况。积水会导致赛艇负重增加，可能会影响航行的安全性。

对策：排查渗漏点并及时修复。

(5) 船体外层分层，见图 3-22。

图 3-22　船体外层分层

原因：紫外线长期照射或制造工艺缺陷。

对策：咨询制造商或赛艇维修专家；避免船体暴露于阳光直射环境，以减少紫外线损伤。

(6) 赛艇鞋破损，见图 3-23。

原因：赛艇鞋属于消耗品，长期使用易磨损。鞋子出现裂痕不仅会影响划船技术的发挥，还存在安全隐患。

对策：发现赛艇鞋破损，及时更换新鞋。

(7) 船体裂纹，见图 3-24。

原因：船体结构受损。裂纹通常出现在桨架位置或船体接缝处。

对策：若裂纹较大，需立即咨询制造商或赛艇维修专家；若裂纹较小，需定期检查观察以防扩大。

图 3-23　赛艇鞋破损

图 3-24　船体裂纹

三、简单维修

即使日常保养维护工作做到位，赛艇器材的磨损和故障仍然难以避免。因此，应准备一套临时维修工具，其中应包含与赛艇适配的旋转器、桨栓、桨盘、垫片、螺母、螺栓和螺钉等备用零件。

若训练期间遭遇意外，例如与其他赛艇相撞或撞上水面漂浮物，可通过一些简单的应急措施将潜在损害降到最低。首先，及时打捞起破损或破碎的部分，留待后续维修使用。其次，若损坏不严重，需对裂纹周边区域进行清洁和干燥处理。最后，使用防水胶带密封裂缝，以隔绝船体中间层与水的接触，从而减少船体腐烂的可能性。但是，若器材发生了严重破损，则应立即上岸，将赛艇移出水面，减少其与水的接触。

在修复船体和桨时，应遵循以下操作顺序：

(1) 固定破损部件，并用砂纸将破损区域打磨光滑。

(2) 使用吸尘器和蘸有清洁剂的抹布清洁所有需要修复的区域。

(3) 在裂缝两边均匀涂抹胶水，然后将裂缝对齐并压紧，静置干燥 72 h。

(4) 待胶水完全固化后，再次用砂纸打磨表面，使其平整光滑。

(5) 在修补区域涂刷清漆以增强防水性能。

第四章

安全与救援

任何运动都存在风险，赛艇运动也不例外。赛艇运动通常在江河湖海等公开水域开展，结合大量案例分析，赛艇运动员及爱好者遭遇伤害事故的主要原因包括：离开艇库前未充分了解必要信息、存在某些危险操作行为，或因未做好安全准备而将自身置于危险环境中。天气状况、水域条件、器械状态和专业指导都是开展安全训练必须考量的关键要素。因此，学会主动规避风险，以及在危机出现时冷静正确应对，某种程度上比钻研划船技术更为重要。掌握意外事故发生后的自救与救援方法，是每位赛艇运动员乃至所有户外运动爱好者的必备技能。

第一节　基本安全指导方针

安全意识需要逐步培养，只有通过长期反复的提醒以及专门的安全知识培训和安全意识训练，才能帮助学员养成良好的安全习惯。首先，要让初学者明确自身行为与安全紧密相关，从而促使他们以严谨的态度积极配合学习。其次，应制定严格执行的规则与条例，要求学员熟练掌握并牢记于心，使其在长期实践中形成条件反射般的本能行为，这与赛艇技术的学习其实并无二异。此外，俱乐部管理者、赛艇教练等更应以身作则，严格遵守安全规范，在团队内树立安全、规范的风气，切实保障自身及赛艇参与者的安全。

第二节　常见意外事故

1. 溺水

赛艇作为一项水上运动，翻船是较为常见的一种失误。多数情况下，翻船不会造成非常严重的后果（后续将介绍翻船训练的相关内容），但当翻船与特定因素叠加时，可能引发溺水事故。例如，落水者若不谙水性且未穿戴救生衣或浮具，落水后往往会因惊慌失措而溺水；翻船时，若鞋子系带过紧或安全绳松垮甚至没有安全绳，导致双脚无法及时抽出，加之过度紧张引发呼吸急促，也会增加溺水风险；水温过低会加速落水者体温流失，诱发冷休克，同时降低其游泳能力。在此情况下，溺水者通常会出现一系列反应，如喘气、过度换气、体温骤降等，进而导致呼吸急促、意识丧失，最终危及生命。

2. 撞船

在进行赛艇运动时，水面上往往不止一艘船。尽管各个训练场地都制定了各自的航道规则，但当船员对航道不熟悉，或者忽略了航道规则时，就可能误入其他航道。若对向船只未能及时察觉并避让，就极易发生撞船事故。这类事故轻则造成船桨损坏，重则导致运动员重伤甚至死亡。此外，除船船相撞外，水域中的岩石、树枝等天然障碍物，以及桥墩等人工设施，同样可能引发撞船事故，致使船体损伤甚至毁坏、沉船倾覆，进而导致人员溺水。

3. 中暑

赛艇运动贯穿全年，除了寒冷的冬季，还有凉爽舒适的春秋季以及炎热的夏季。在夏季进行剧烈运动时，人体体温会迅速升高。若空气温度与湿度过高，加之阳光与温热环境的热辐射，同时衣物透气性差、通风不良、补水（水合作用）不及时，多种致热因素叠加就会引发脱水，进而导致核心体温升高。运动本身会增加身体的热负荷，随着核心温度上升，身体调节热量所需的能量会加速消耗。当这些能量资源（尤其是葡萄糖储备）耗尽时，就为热病的发生创造了条件。即使未出现脱水现象，过度热负荷也可能引发虚脱或中暑。

第三节　基础安全指导

在赛艇教学过程中，必须着重强调培养学员运动安全意识的重要性。学员不仅需要掌握保障自身安全的技能，还应树立“安全责任自负”的观念，同时强化团队协作意识，主动协助同组队员避险。作为教练或领队，有责任为新人提供系统的指导与支持，确保其不会陷入超出自身能力范围的危险情境。

一、安全规章制度

根据《国际赛艇联合会赛艇安全实践最低导则》，每个机构都应显著张贴“安全规范”或其他类似准则。例如包含如下条例和信息的安全规章制度：

（1）安全赛艇器械。

（2）艇库规章。

（3）当地实践及航行规范。

(4) 桨手、双桨手、舵手和教练的责任。

(5) 应急准则、翻船和事故演习。

(6) 教练艇和救生艇。

(7) 赛事安全。

(8) 无人监督的桨手日志。

(9) 关于水安全、救生、低体温症、体温过高、抢救程序的视觉标识。

(10) 电话清单,包括:①医生、救护车、警察;②消防部门;③当地医院急诊部门;④当地河道、港口警察;⑤若在划艇区无方便使用的电话,必须张贴明确的方向标识,指明如何通往最近的电话。

同时,每个划艇区应常备安全与急救设施,包括:①急救柜(充分配备并定期检查);②医用保温毯;③救生圈、浮标、绳索;④救生衣。

此外,在条件允许的情况下,俱乐部必须为会员购买足够全面的保险,以覆盖上下水过程中可能遭受的人身伤害。

二、对赛艇运动参与者的安全要求

1. 所有赛艇运动参与者

所有赛艇运动参与者(包括舵手)应该从合格教练的教学中获得正确的划船操作方法,包括翻船演习。在水上活动时,任何人都不可以将自己或他人置于危险境地,尤其是对初学者和青少年而言。参与者须熟悉赛艇运动的基本原则。此外,适当的着装、适配的装备、合理的团队组织和系统的练习是划艇者教育的必要内容。

应鼓励学员参加安全培训课程,全面学习救生与急救流程,尤其是教练以及队伍管理者,更应积极参加救生培训。学员应明白个人需要承担的风险,充分理解活动的固有危险,并意识到教练无法百分之百地保证他们的安全。同时,学员还应为自己的行为承担责任,并认识到自己的行为可能影响活动的后续开展。他们要对自身在赛艇运动中的安全负最终责任。

赛艇运动开展时,应与其他水域使用者做好协调,以减少利益冲突,避免不必要的危险事故发生。

2. 桨手及舵手

所有桨手或舵手前往水域活动时,都必须遵守当地的规章制度和交通规则。他们应确保自身身体健康,并根据当前及预期环境穿着合适的服装。所有桨手及舵手需证明:身着轻便衣物时,能够在水下游 200 m 及踩水。如果因身体或其他原因无法达到游泳测试标准，经批准后，应穿着救生衣或浮具登船。若遇意外情况，应留在船上，切勿尝试游向岸边。除非船只受到严重损害，否则你的船就是你的救生筏。

舵手应接受控制船艇及所有相关安全规程的专项培训。没有经验的舵手只有在有经验的教练在场监督，且是在装备齐全的教练船上时，才被允许上船。他们还须熟悉航行规则。

自救是赛艇运动中任何救援的基础。学员必须了解自己在危险事件中的责任，主动采取行动来保障自身安全。因此，学员应该在平时多加练习自救技能。同时，学员应当明白，个人自救能力会直接影响其他救援者帮助他们的效果。

3. 教练

教练必须对其所指导的人员负责，确保其知晓并遵守安全规程。教练需评估环境条件，以此决定桨手是否可以安全下水。

教练必须制定一系列活动以确保学员充分掌握基础技能。活动难度需适配该组中经验最少或技术最差学员的能力水平。待学员熟练掌握基本技能后，教练可以在静水环境中循序渐进地开展进阶训练。

教练要挑选适合赛艇划行的水域进行训练及比赛，水深和水域面积都是需要考虑的因素。

此外，团队必须配备完善的安全设备，并掌握科学的救援技术和知识，以应对各类可能的突发事件。

三、如何规避常见意外事故

1. 游泳能力要求

理想情况下，参与赛艇运动的桨手都应具备游泳能力，能够在落水时从容应对。若学员不具备游泳能力，则不允许下水训练。

对赛艇参与者的游泳能力基本要求如下：

(1) 身着轻装(赛艇运动服装)，可连续游泳超过 200 m；

(2) 踩水时长超过 2 min；

(3) 水下潜泳距离不少于 5 m。

此外，上述时间和距离要求应根据水域实际情况适当延长，以确保足够的安全性。

2. 翻船训练

翻船与复原训练非常重要，可使船上人员在遭遇翻船事故时有所准备。每个人都应明确翻船或沉船时应该做什么，例如落水后应与船艇待在一起，将船艇作为救生筏，避免置身于更危险的环境中。下水前需做好充分的预防措施以防落水，具体内容将在下一节详细说明。翻船训练的关键步骤如下：

（1）把脚从鞋子中拿出来，使身体与船艇分开；

（2）潜出水面；

（3）离开水面。

未经训练者（尤其是中小学生、新手）必须穿戴救生衣。俱乐部须记录每位成员的翻船训练情况，并确保俱乐部内每位教练都掌握相关信息。

翻船训练可以在游泳池或其他安全环境中开展，具体步骤如下：

（1）从翻覆的船上解脱，包括将脚从鞋子中抽出；

（2）攀爬至船顶，以便于营救；

（3）如果被训练者具备足够的能力和自信，可将船翻正后重新上艇；

（4）趴在船顶，跨坐划动；

（5）求救并等待救援；

（6）培养被训练者在船上的自信（即操控船的能力）；

（7）准备一条适合翻船训练的船艇，该船艇需要有足够的浮力，且没有突出的螺栓和其他尖锐部分，同时，脚蹬板上的鞋子足跟限制要合适。

3. 防止体温过低

体温过低是指全身温度降至正常体温以下，并出现某些病症征兆的危险状态。为防止体温过低，除需监测环境条件、避免在水温过低时下水外，还需注意以下事项：

（1）“穿衣御寒”——多穿几件衣服比只穿一件衣服更具保暖性。最外层衣服最好能防风防水，但不宜过于厚重。选择适合环境的防护性衣物，保持身体干燥和减少热量流失。

（2）严禁在寒冷环境下饮酒。酒精不仅会加速热量散失，还会影响判断力。

（3）注意寒冷警告信号。

（4）告诫儿童要特别注意暴露在寒冷环境中的危险性，尤其是暴露在外的手臂、腿部和头部。

4. 避免中暑情况发生

为避免中暑或其他因过热引发的疾病，主要方法包括环境适应、补充水分，以及将训练时间调整至较凉爽的时段。

对于在温暖月份开展的赛艇训练和比赛，须为学员或运动员提供阴凉休息区

（如房屋、帐篷、天然遮阴处）。当预计气温将高于 32 ℃时，建议提供空调房间；当室内温度超过 25 ℃时，建议提供风扇以增强房间及休息区的空气流通。

要确保饮用水及流体的充足供应，学员和运动员应能随时获取足够的饮用水。一名运动员每天的基本用水量是 2 L，且会随着训练时间的增加以及气温超过 25 ℃而相应增加。通常，每训练 1 h 需补充 1 L 水。

对于直接暴露于阳光下的运动员，建议其戴上用水润湿过的帽子，穿着布织衣服，以降低热存储量，促进汗液蒸发。推荐运动员穿着浅色、宽松的高透气吸汗衣物，该类衣物通常由天然织物或合成织物制成。

须保证充足的睡眠，睡眠与休息可提升高温耐受力。但赛后运动员若平躺于温暖区域，可能会对循环系统产生负面影响，甚至有可能诱发衰竭。建议赛艇运动员和训练学员在赛后或训练后用水降温。

另外，参与者的环境适应是预防热疾病最重要的措施。在炎热环境下训练前，应安排适应期，尤其是对于从凉爽气候区赴高温环境参赛的运动员而言，这一点尤为重要。通常，适应炎热环境需要 7～10 d 时间。

第四节　下水前的准备工作

一、天气及环境状况检查

(1) 若附近有其他种类的船只，需采取预防措施避免碰撞，并对机动性较差或无法迅速停船的船只进行礼让。

(2) 赛艇离开或返回码头时，人员应熟悉当地的通航线路。

(3) 需熟悉浅水水域、树桩、岩石等潜在危险区域，了解季节性问题以及地标位置。

(4) 远离桥墩等人工或自然障碍物，禁止在障碍物附近转弯。

(5) 舵手或单人艇桨手应时刻查看赛艇四周，并留意赛艇前后的水上交通情况。

二、船艇装备检查

(1) 确保桨架上所有螺母均已拧紧，脚蹬板位置正确，滑座在滑轨上滑行顺畅。

(2) 滑轨前端装有(橡皮)保护装置，以避免划伤运动员小腿。

(3) 在赛艇上，确保前后桨手有足够的空间完成拉桨动作。

(4) 鞋子后跟带已绑定脚蹬板且状况良好，足跟抬起高度不得超过 5 cm。

(5) 滑座大小合适，如果不合适，可通过使用滑座垫或更换不同的滑座来调整。

(6) 确认桨柄尺寸、桨架高度合适。

(7) 着装应避免与滑座或桨柄发生缠绕。

(8) 赛艇上配备合适的救生装置。

(9) 每艘船的船头必须紧紧系上直径不小于 4 cm 的防撞球。

三、热身准备

陆地热身应成为运动员训练的常规环节。在陆上训练前，需进行充分的热身运动；水上训练时，则应循序渐进地增加强度。

热身是通过低强度运动提升心率，使身体快速升温的过程。充分的动态热身可以降低肌肉和关节的黏滞性，有效预防高强度运动(尤其是力量训练)中的损伤。若不进行热身就直接训练，很容易导致肌肉、韧带受损。

常见的有效热身动作包括跑步、高抬腿、开合跳、小碎步跑以及一些协调性舒展运动。这些热身动作可以将身体的肌肉组织以及各个关节活动开。

第五节　紧急情况处置

在任何情况下，桨手都不应该离开赛艇，因为赛艇本身就是一个漂浮装置，可保障安全。即便离岸边不远，桨手也应推着赛艇返回岸边。

一旦收到“停船，挡水！”指令，须立即停止所有动作，立桨入水以迫使赛艇停下。

赛艇上每个桨手的滑座下部都设有密封舱，即便船身进水，赛艇仍能保持漂浮状态，所以桨手应留在赛艇上。

一、翻船或即将沉没

若赛艇船舱溢入过多的水(水位到达滑座位置)，应立即向救援艇或教练船发出信号，并按照以下步骤进行自救：

(1) 解开艇鞋，桨手依次跳入水中；

(2) 将赛艇调整为更稳定的漂浮状态，以便桨手们可以抓住船舷；

（3）扶着船舷，等待救援艇或教练艇前来救援，或在确保自身安全的情况下慢慢游向最近的岸边；

（4）赛艇被运送回岸边后，再解开船桨。若赛艇前、后两端均灌满了水，则需先将水排干，再慢慢将赛艇翻转后从水中抬出。

二、体温过低

当运动员出现体温过低症状时，可能表现出多种不同的状况，例如：出现出乎意料及过分的行为，并常常伴有抱怨寒冷和疲惫的情况；身体和精神疲惫，无法理解问题或指令；说话含糊不清；出现激烈的情绪爆发、语言暴力，变得不合作；视力衰退或出现异常；痉挛；四肢失去控制，失去平衡，麻木；脸色苍白，嘴唇和指甲发紫，甚至出现休克；脉搏微弱，喘息，咳嗽。

当溺水者落水一段时间后被救出，仍面临较高风险，必须防止其进一步热量损失。如有条件，需保护溺水者免受风雨侵袭。

恢复体温可采取以下措施：

（1）用热毯、御寒毯或其他保暖用品包裹落水者；

（2）若落水者意识清醒，可给予其热饮，但不能是含酒精的饮品。

第五章
高校赛艇普及与推广

时至今日，牛津大学与剑桥大学赛艇队的世纪之战仍在延续。每年的牛津剑桥赛艇对抗赛依旧是泰晤士河畔最受瞩目的活动之一——每年吸引超 25 万人现场观战，还有来自超 110 个国家和地区的 5 亿名观众通过卫星转播同步收看。其赛事体量足以媲美英超、温网等顶级赛事，如图 5-1 所示。近几年，央视体育频道也开始关注这项赛事。不同于历史悠久的英国高校赛艇运动，中国高校赛艇运动近年来才逐步发展起来。1999 年，清华大学与北京大学首次组织校际赛艇对抗赛（图 5-2），但举办数届后便沉寂下来。2009 年，西安交通大学等高校开始组建学生赛艇俱乐部，国内各类高校赛艇赛事、俱乐部赛事等逐渐兴起。2017 年，同济大学世联行赛艇会成立。

图 5-1　牛津剑桥赛艇对抗赛

图 5-2　清华-北大赛艇对抗赛

第一节　高校赛艇俱乐部创立经验介绍
——以同济大学为例

一、同济大学世联行赛艇会的创立

同济大学拥有能在校园内开展赛艇运动的河道资源，这在中国高校中较为罕见。同济大学嘉定校区的河道条件十分优越，非常适合开展龙舟、赛艇等水上运动，如图 5-3 所示。此前，龙舟运动已在该河道长期成功举办，如今引进赛艇项目，与嘉定校区“承前启后”的理念不谋而合。

图 5-3　同济大学嘉定校区赛艇训练场地

2017 年 5 月 20 日，同济大学世联行赛艇会在同济大学嘉定校区正式成立。亚洲赛艇联合会主席王石先生，世联行董事长、同济大学校友陈劲松先生，同济大学副校长吕培明老师及 100 多名同济师生参加了此次成立仪式，如图 5-4 所示。

图 5-4　2017 年同济大学世联行赛艇会成立仪式

“同济大学世联行赛艇会”的成立，不仅为同济大学的赛艇爱好者搭建了训练与交流的平台，也为打造中国乃至国际一流的院校赛艇队奠定了坚实基础。2016 年 5 月，陈劲松先生个人向母校同济大学捐赠了人民币 2 000 万元，设立“同济大学世联行基金”，专项用于支持“同济大学世联行赛艇会”的建设。图 5-5 所示为陈劲松先生捐赠的同济大学世联行赛艇会艇库。

图 5-5　同济大学世联行赛艇会艇库

二、同济大学赛艇发展模式

同济大学的校内赛艇运动依托两条主线开展：赛艇体育选修课和俱乐部模式。二者相辅相成、相互促进。同济大学嘉定校区凭借校内得天独厚的水域优势，既可开设赛艇选修课供学生选修，又可开展赛艇俱乐部的日常训练。图 5-6 为同济大学赛艇队风采展示。

图 5-6　同济大学赛艇队风采展示

赛艇选修课不仅丰富了学生的运动课程选择，还为赛艇俱乐部起到宣传作用，为俱乐部储备了优秀的后备力量。而俱乐部的成立、文化推广以及学生们在社交网络中的自发宣传，进一步吸引了更多学生了解、接触并逐渐爱上这项极具魅力的水上运动。

此外，同济大学赛艇队在开展赛艇运动的过程中，充分激发队员们的无限潜力，将科研与运动紧密结合，着重培养学生的科研思维与实践能力，并斩获了多项荣誉（表 5-1）。学校因地制宜，探索出一条独特的高校赛艇教学科研发展路径。

表 5-1 同济大学世联行赛艇会代表性荣誉

年份	比赛名称	获奖情况
2023	无锡太湖鼋头渚赛艇邀请赛	男子八单第二名(两名女队员七名男队员)
	“灞河竞渡”赛艇挑战赛	女子四人单桨 1 000 m、女子八人单桨 1 000 m 冲刺赛以及女子八人单桨 4.2 km 环湖赛均获第一名；男队四人单桨项目第一名，八人单桨项目第三名
	“半马苏河”上海赛艇城市精英赛	大学组 1 000 m 男子八人单桨有舵手、大学组 1 000 m 女子八人单桨有舵手项目均获第一名
	第 7 届中国大学生赛艇锦标赛	女子八人单桨有舵手项目第一名；男子四人双桨项目第一名男子八人单桨有舵手项目第二名；女子四人双桨项目第二名；男子四人双桨项目第二名；轻量级女子四人双桨项目第二名；轻量级男子四人双桨项目第二名；女子单人双桨项目第二名；轻量级女子双人双桨项目第三名；男子单人双桨项目第三名；丁组女子单人双桨项目第六名
	“嘉兴人才日”首届精英赛艇邀请赛	男子四人双桨项目第一名
	中国-东盟大学生赛艇嘉年华	男子四人双桨项目、男子八人单桨有舵手项目和划船器接力项目均获第三名；女子四人双桨项目第四名；团体银奖
	“上虞文旅杯”2023 中国 • 绍兴(上虞)中外名校赛艇挑战赛	男子八人单桨有舵手项目获第六名
	“低碳康城”2023 第五届鄂尔多斯赛艇大师赛	6 km 环湖赛男子八人单桨有舵手项目第一名；500 m 女子四人双桨、500 m 男子四人双桨、1 000 m 男子双人双桨和 1 000 m 男子八人单桨有舵手四项比赛均获第二名
	第 6 届沈阳赛艇公开赛	男子四人双桨 1 000 m 项目第二名和第三名；女子四人双桨 1 000 m 项目第三名；女子四人双桨 4 500 m 项目第三名；男子八人单桨有舵手 1 000 m 项目第三名；男子八人单桨有舵手 4 500 m 项目第二名；混合八人单桨有舵手 1 000 m 项目第二名；混合八人单桨有舵手 4 500 m 项目第二名

（续表）

年份	比赛名称	获奖情况
2022	2022中国赛艇大师系列赛浙江绍兴·柯桥站暨国内名校赛艇挑战赛	一银一铜； 中国机器人及人工智能大赛全国二等奖
	上海赛艇公开赛	两金两银
	银川全国名校赛艇邀请赛	一金一银
	第四届鄂尔多斯赛艇大师赛	五金一银一铜
2021	第6届中国大学生赛艇锦标赛暨第31届世界大学生夏季运动会赛艇项目选拔赛	甲组：女子八单有舵手项目第一名；女子四人单桨项目第一名；男子八单有舵手项目第二名；男子轻量级双双项目第三名；混双项目第二名；四单项目第一名； 丙组：女子轻量级单双项目第二名；女子轻量级双双项目第一名；女子四单项目第二名；男子四单项目第二名； 赛艇科研入围国家大学生创新创业项目
	上海赛艇公开赛	两金一铜
	第三届鄂尔多斯赛艇大师赛	一金三铜
	最爱美兰湖-深潜 City Plus 赛艇嘉年华	两金一银
	珠海横琴赛艇名校邀请赛	一金一银
	第三届中外企业赛艇挑战赛	一金一银
2020	全国名校水上马拉松精英赛	两金一银；全国大学生体育创新大赛一金一铜
	深潜城市联赛新铁三挑战南通站	一金
	“灞河竞渡”赛艇挑战赛	两银两铜
	深潜城市联赛新铁三挑战苏州站	两金
2019	第55届查尔斯河赛艇大赛（Head of the Charles Regatta）	入围奖
	绍兴赛艇大师赛	一银
	千岛湖第二届水上（赛艇、皮划艇）马拉松公开赛	一铜
2018	扬州首届中英名校赛艇邀请赛	第三名
	“深潜艇进”中国赛艇公开赛（北京站）	1000 m 比赛第三名，6000 m 追逐赛第三名
	“灞河竞渡”赛艇挑战赛	无（女队首次出征交流经验）
	（上虞）世界名校赛艇挑战赛	男队 M8+取得 1000 m 成绩突破；女队 W4-参赛

（续表）

年份	比赛名称	获奖情况
2018	全国大学生赛艇锦标赛暨 2018 世界大学赛艇锦标赛国内选拔赛	女子轻量级四人单桨 W4－项目第三名，男子公开级四人单桨 M4－项目第五名
	成都国际名校赛艇挑战赛	为赴美参加查尔斯河赛艇大赛做准备工作
	“深潜艇进”中国赛艇公开赛（苏州站）	一号艇男队亚军
	中国千岛湖水上（赛艇、皮划艇）马拉松公开赛	队员体验 32 km 长距离比赛
	同济交大赛艇对抗赛	为 2021 年世界赛艇锦标赛宣传预热
	赴美参加查尔斯河赛艇大赛	体验赛艇文化交流等
	上海（浦东）2018 首届中外企业赛艇挑战赛	一号艇 M8＋、混合二号艇八单参赛

1. 赛艇选修课

1）教学目标

赛艇选修课以“立德树人”为指导思想，教学目标涵盖：培养学生肯吃苦、爱拼搏、乐助人的体育精神，塑造坚毅、勇敢、沉着冷静的意志品质，提升体育道德修养，促进学生身心健康全面发展，增强社会适应能力等。赛艇课程的教学目的与任务在于，使学生通过课程学习达成以下目标：

（1）运动技能目标：全面掌握赛艇运动的基本知识、基本技术、基本战术和基本竞赛方法。在学习过程中，激发并培养学生对赛艇运动的兴趣，使其能够在规则指导下参与比赛。

（2）生理健康目标：通过赛艇运动的训练与课堂实践，增强学生的心肺功能，提升速度、力量、耐力、柔韧等身体素质，进而改善生理健康状况。

（3）心理健康目标：在赛艇训练过程中，着重培养学生勇敢顽强、勇于拼搏的进取精神，塑造坚韧不拔的意志品质，增强学生的自信心。

（4）社会适应目标：通过赛艇训练，培养学生齐心协力、团结奋进的合作意识，建立良好的团队观念和人际关系。

2）教学内容

以 2021 年同济大学赛艇选修课为例，课程设计内容如表 5-2 所列。

表 5-2 同济大学赛艇选修课课程设计

章节	目标	具体内容
第一章 赛艇运动的起源与发展	带领学生走进赛艇世界，了解赛艇百年历史中的优雅与魅力，感受这项经典体育运动的深厚内涵	1.1 赛艇简介 1.2 赛艇历史 1.3 赛艇的种类 1.4 介绍陆上划船器
第二章 赛艇运动安全防护	理论部分：让学生认识到科学运动的重要性，掌握运动中突发紧急情况的自救措施； 实践部分：开展水上自救实操训练，旨在培养学生在突发情况下的反应能力和判断能力	1. 游泳能力测试 2. 水上翻船救援实操演练
第三章 赛艇陆上划船器技术	理论部分：学习赛艇运动相关的生物力学知识； 实践部分：掌握陆上划船器的使用方法及划桨基本技术	1. 专项理论 1.1 赛艇运动生物力学原理 1.2 陆上划船器使用指南 2. 专项实践 2.1 陆上划船器基本技术教学 2.2 陆上划船器使用方法
第四章 赛艇陆上划船器训练方法	理论部分：讲解陆上划船器的有氧训练与力量训练方法，帮助学生理解训练类型与训练目标的对应关系； 实践部分：以理论为依据，对各项训练计划的要点进行详细讲解与实操演练。	1. 专项理论 1.1 陆上划船器提高力量训练方法 1.2 陆上划船器有氧耐力训练方法实践 2. 专项实践 2.1 陆上划船器力量训练 2.2 陆上划船器耐力训练
第五章 赛艇陆上划桨池训练方法	理论部分：讲解赛艇船舱构造、基础物理学与力学原理，帮助学生建立对船艇的基础认知； 实践部分：在水上划桨平台或划桨池中开展赛艇基本技术的学习与训练	1. 专项理论 1.1 讲解赛艇船舱的基本构造 1.2 讲解艇赛艇运动的力学原理 2. 专项实践 2.1 赛艇水上划桨平台或划桨池技术学习 2.2 正确做好握桨、分解定位、身体姿态等技术动作
第六章 八人单桨有舵手赛艇下水、上岸操作方法	理论部分：学习八人单桨有舵手赛艇水上身体稳定与平衡控制原理，再次强调上下水的安全操作规范； 实践部分：练习抬艇、抬桨、装桨、上艇驶出码头、返回码头及平桨的操作方法	1. 专项理论 1.1 学习赛艇水上身体稳定原理 1.2 学习赛艇水上平衡控制原理 2. 专项实践 2.1 练习抬艇、抬桨、装桨、上船、下船方法 2.2 练习赛艇驶出码头、返回码头方法 2.3 练习通过桨手控制船艇前进方向

（续表）

章节	目标	具体内容
第七章　八人单桨有舵手赛艇舵手操作方法	理论部分：讲解八人单桨有舵手赛艇中舵手掌握方向的操作方法、舵手的指挥口令及运用原则，阐明舵手在艇上的核心作用与价值，以及多人艇分批进行技术划的目的和意义； 实践部分：开展舵手方向操控与指挥实践操作，组织桨手分批进行技术划练习	1. 专项理论 1.1　学习舵手掌握方向操作原理 1.2　学习舵手指挥口令内容及原则 1.3　多人艇分批进行技术划的目的及意义 2. 专项实践 2.1　舵手掌握方向操作实践 2.2　舵手指挥实践 2.3　桨手分批进行技术划练习
第八章　八人单桨有舵手赛艇分解技术训练方法	理论部分：学习八人赛艇分解技术练习的目的与意义； 实践部分：练习原地转桨、按转桨、直腿划、二分之一滑座、全桨配合不转桨、全桨配合转桨等训练内容	1. 专项理论：学习八人赛艇分解技术练习的目的与意义 2. 专项实践 2.1　原地转桨练习 2.2　按转桨练习 2.3　直腿划 2.4　二分之一滑座 2.5　垂直桨叶全桨配合 2.6　转桨全桨配合
第九章　八人单桨有舵手平衡控制方法	理论部分：学习八人单桨有舵手赛艇水上身体稳定及平衡控制原理； 实践部分：开展多人配合划平衡控制训练与原地平衡控制训练	1. 专项理论 1.1　学习赛艇水上身体稳定原理 1.2　学习赛艇水上平衡控制原理 2. 专项实践 2.1　静止条件下控制船艇向左、向右倾斜，将船体放在水平位置 2.2　行进过程中减少船艇晃动方法 2.3　平衡训练方法
第十章　八人单桨有舵手赛艇多人配合训练方法	理论部分：学习八人单桨有舵手高效划桨的原理； 实践部分：改进团队配合中划桨幅度统一、入水一致、出水一致的训练方法	1. 专项理论 1.1　学习八人单桨赛艇高效划桨原理 1.2　学习八人单桨赛艇提高划桨一致性的操作原理 1.3　八人赛艇桨位排序原则 2. 专项实践 2.1　划桨幅度不一致的原因及改进方法 2.2　入水点不统一的原因及改进方法 2.3　出水点不统一的原因及改进方法
第十一章　四人双桨赛艇下水、上岸操作方法	理论部分：学习双桨与单桨的异同，掌握四人双桨赛艇水上身体稳定及平衡控制原理； 实践部分：练习抬艇、抬桨、装桨、上艇驶出码头、返回码头及平桨的操作方法	1. 专项理论 1.1　学习单桨和双桨的异同 1.2　学习双桨赛艇水上身体稳定原理 1.3　学习双桨赛艇水上平衡控制原理

（续表）

章节	目标	具体内容
		2. 专项实践 2.1 练习双桨抬艇、抬桨、装桨、上船、下船方法 2.2 练习双桨赛艇驶出码头、返回码头方法 2.3 练习双桨通过桨手控制船艇前进方向
第十二章　四人双桨赛艇脚舵操作方法	理论部分：讲解四人双桨赛艇通过脚舵操控方向的操作方法、领桨手指挥口令及原则； 实践部分：开展脚舵方向控制实操、领桨手指挥实践，并组织桨手分批进行技术划练习	1. 专项理论 1.1 学习脚舵掌握方向操作原理 1.2 学习领桨手指挥口令内容及原则 2. 专项实践 2.1 进行脚舵掌握方向操作实践 2.2 领桨手指挥实践 2.3 桨手分批进行技术划练习
第十三章　四人双桨赛艇分解技术训练方法	理论部分：学习四人双桨赛艇分解技术练习的目的及意义； 实践部分：开展原地转桨、按转桨、直腿划、二分之一滑座、全桨配合不转桨、全桨配合转桨等训练内容	1. 专项理论：学习四人双桨赛艇分解技术练习的目的及意义 2. 专项实践 2.1 双桨原地转桨练习 2.2 双桨按转桨练习 2.3 双桨直腿划 2.4 双桨二分之一滑座 2.5 双桨垂直桨叶全桨配合 2.6 双桨转桨全桨配合
第十四章　四人双桨平衡控制方法	理论部分：学习四人双桨赛艇水上身体稳定及平衡控制原理； 实践部分：开展多人配合划平衡控制训练与原地平衡控制训练	1. 专项理论 1.1 学习赛艇双桨水上身体稳定原理 1.2 学习赛艇双桨水上平衡控制原理 2. 专项实践 2.1 静止条件下控制船艇向左、向右倾斜，将船体放在水平位置 2.2 行进过程中减少船艇晃动方法 2.3 平衡训练方法
第十五章　四人双桨赛艇多人配合训练方法	理论部分：学习八人单桨有舵手高效划桨的原理； 实践部分：改进团队配合中划桨幅度统一、入水一致、出水一致的训练方法	1. 专项理论 1.1 学习四人双桨赛艇高效划桨原理 1.2 学习四人双桨赛艇提高划桨一致性的操作原理 1.3 四人赛艇桨位排序原则 2. 专项实践 2.1 划桨幅度不一致的原因及改进方法 2.2 入水点不统一的原因及改进方法 2.3 出水点不统一的原因及改进方法

（续表）

章节	目标	具体内容
第十六章 赛艇竞赛规则与竞赛组织	理论部分：学习赛艇竞赛规则与竞赛组织方法； 实践部分：模拟裁判员各岗位执裁流程	1. 专项理论 1.1 赛艇竞赛规则 1.2 赛艇比赛组织方法 2. 专项实践 1.1 航道裁判执裁演练 1.2 发令裁判执裁演练 1.3 终点裁判执裁演练

2. 俱乐部管理与运营

同济大学世联行赛艇会成立后，由同济大学体育部牵头负责具体的管理与运营工作。第一批赛艇俱乐部成员主要由部队退伍的同济大学学生组成，他们集体意识强、热爱运动、具备良好的运动习惯，且对龙舟、皮划艇、帆船等水上运动兴趣浓厚。这些特质对赛艇俱乐部初期的发展而言至关重要。在后续发展过程中，俱乐部不仅吸纳了同济大学龙舟社团成员及其他对赛艇感兴趣的本科、硕士学生，还通过常态化招新活动持续吸纳新成员。俱乐部在组织架构上由队务部和理事会组成。图 5-7 为 2021 年上海赛艇公开赛期间，同济大学世联行赛艇会校内学生与校友的合影。

图 5-7 2021 年上海赛艇公开赛期间同济大学世联行赛艇会校内学生与校友合影

1）部门划分

同济大学世联行赛艇会部门划分为队务部、理事会和临时小组。

(1) 队务部：由队长和各训练组组长构成，主要职责为制定并组织实施训练计划、提供训练保障，同时负责俱乐部日常训练组织、出勤率统计和参赛人员选拔。各训练组的轮值值班员负责发布每周训练通知并审核训练成绩。队长统筹与理事会的工作对接，分管财务、比赛报名及参赛人员信息提交等事务。

(2) 理事会：由 1 名经理和 3 名理事会成员组成，主要负责对外事务(如交流合作、媒体采访)、比赛报名、财务报销及媒体宣传等工作。每次赛事期间，理事会需安排 1 名不上艇的成员随队，该成员具体负责外联协调、采访跟进、宣传素材收集和赛事信息推送等事务。

(3) 临时小组：在组织校内比赛(如划船器比赛)时，从队务部和理事会抽调人员临时组建而成。

2) 队员积分制管理

同济大学世联行赛艇会实行队员积分制，队员可通过参加比赛、累计有效划船器里程、保持晨训出勤率等方式获得积分。积分制对赛艇队员的训练成绩、为提高团队实力所付出的个人努力进行了有效量化。同时，队员的技术水平由教练进行等级评定。将积分制所得积分与技术等级相结合，形成最终积分。该积分将作为同济大学世联行赛艇会奖金评定的最终标准。

(1) 技术水平等级(积分因子)：由教练根据每个队员的艇上技术水平和划船器技术水平进行评级，等级分为 A+、A、A- 三个层级，对应的积分因子分别为 1.5、1.2、1.0。设置积分因子旨在避免出现“仅有积分涵盖项提升而技术水平未提高”的情况。队员所获得的基础积分乘以积分因子后即为最终积分。

(2) 划船器训练积分规则：①男生划船器 2000 m 成绩进入 6′50″者，每个评奖周期加 100 分；女生划船器 2 km 成绩进入 8′08″者，每个评奖周期加 100 分(已达标者不重复加分)；②每月 1 次的 2 km 测试成绩较前次有突破者，加 30 分；③每月 1 次的划船器测试成绩排名中，男女前 3 名者分别加 50 分、30 分和 20 分，若成绩没有突破，则不予加分；④划船器测试成绩及排名有进步者加 50 分，划船器测试成绩退步者减 50 分。

(3) “参赛预备队”机制：队员可自愿加入参赛预备队。里程奖惩规则：当队员每半月(15 天)划船器里程超过 80 km(有配速要求，由各训练组长审核统计，每半月报给当周值班组长)时，超出部分每 1 km 奖励积分 5 分，每半月累计奖励不超过 100 积分；当队员每半月(15 天)划船器里程少于 50 km 时，差额部分每 1 km 扣 2 分。另外，在参赛人员选拔坚持择优原则的前提下，优先从参赛预备队中选拔。

(4) 参赛奖励规则：每次外出参赛人员每人奖励 100 积分；获得三等奖加 50 积分，获得二等奖加 150 积分，获得一等奖加 300 积分。具体积分可根据比赛规格作适当调整。

(5) 任职奖励规则：经理、队长每月奖励 105 积分；理事会成员、队务部成员每月奖励 100 积分。

（6）晨训出勤奖励规则：每月出勤率超过 80%（含）但不足 100%者，奖励 20 积分；每月出勤率达 100%者，奖励 50 积分。

（7）协会公差加分规则：①参与同济大学四平路校区带新工作的老队员，每参与一次加 100 积分，带新老队员择优选择；②参加赛艇会招新活动，每次加 50 积分；③负责划船器保养、船艇装拆等器材整理工作，每次加 50 积分。其他公差加分可参照上述标准，由队委会审议决定。

（8）积分记录：值班组长负责出勤率的记录交接（月结）、划船器里程积分（每 15 天结算一次），每次结算后整理并报给队长；队长负责参赛、任职奖励积分以及总积分管理，每月提交理事会登记备案。

3. 文化推广

同济大学世联行赛艇会的日常水上训练主要在同济大学嘉定校区开展，因为嘉定校区拥有适合赛艇训练的河道，其河道条件在国内高校中也是少有的。赛艇会整体的训练规划是：①每周一早上 6 点，由训练队长组织陆上室外体能训练，训练内容包括 10 km 跑、力量训练和协调性训练；②每周二至周五每天早上 5 点半至 7 点进行下水赛艇训练，该项训练由同济大学老师兼赛艇教练周意男老师指导，同时，在训练期间，体育部领导叶宇老师负责跟踪拍摄训练影像，并鼓励队员坚持训练；③队员可在空闲时间自行安排划船器训练，每周四晚由赛艇队长和各训练组长组织全体成员进行划船器测试；④每周六上午，全体队员前往东方绿洲水上训练中心开展划桨池训练和水上训练；⑤此外每年寒暑假各组织一次集训。

在训练安排方面，大一学生以划船器训练为主。由于他们平时在同济大学四平路校区上课，所以只能开展划船器训练。而且大一学生作为新成员，需要夯实体能基础。大二、大三学生入驻嘉定校区后，便可参与全部的陆上和水上训练，并根据划船器成绩和队内积分竞争参赛名额，在实战中检验训练效果、提升竞技水平。图 5-8 所示为同济赛艇队员风采展示。

图 5-8　同济赛艇队风采展示

第二节 国内高校赛艇俱乐部

目前，国内各大高校都在积极开展赛艇运动，其中包括北京大学（以下简称“北大”）、清华大学（以下简称“清华”）、西安交通大学、上海交通大学、上海海洋大学、河海大学（以上排名不分先后）等。下面以北京大学、清华大学、西安交通大学为例介绍国内的高校赛艇俱乐部。

一、北京大学赛艇队、清华大学赛艇队

清华大学自1999年开始组建高水平赛艇队，由校团委负责主要管理工作。根据赛艇队的定位及项目特点，校团委制定了两个目标：一是确保提高运动成绩；二是保障学生运动员的全面发展。清华赛艇队具有“团委管理、外聘教练、集体项目”三大特点。校团委制定了“与体育部紧密配合、加强外聘教练管理、强调集体建设、重视个人发展”的队伍管理方针。清华赛艇队在成立初期便明确了管理方式，具体包括：多部门参与的管理体制、适度集中的管理方式、全方位的思想教育体系、教练员聘任制管理、辅导员和班主任制度、综合素质评估制度，以及区分赛前管理与平时管理的注册制度。

在我国高校中，“北大-清华百年赛艇对抗赛”是效仿英国牛津、剑桥两所名校历时180多年的赛艇对抗模式组织举办的，是中国首个大学间的赛艇竞赛形式。

1999年7月28日，北大与清华在北京昆玉河上开启了百年赛艇对抗。这次比赛被视为名校赛艇对抗中国化实践的开端。这场在北京昆玉河上举行的赛事，邀请了时任国家体育总局局长伍绍祖，以及贾庆林、刘淇等当时北京市的多位领导出席。如此高规格的校际竞技赛事在中国历史上极为罕见。在牛津剑桥赛艇对抗赛历史中，英国王室成员曾为优胜方颁奖。尽管清华与北大的赛艇对抗未能复刻牛津、剑桥赛艇对抗赛的起源模式，但从领导重视程度和办赛规格来看，已实现与国际接轨。

但据北大赛艇队领队石运佳回忆，第一届对抗赛纯粹是娱乐性质的，“当时由学校的一位老师担任教练，队员也是从校内临时挑选的。”2001年，清华、北大开始招收赛艇项目体育特长生。由于高中阶段没有赛艇项目，所以主要从练习篮球的学生中挑选身体素质较好的同学，要求身高在190 cm左右，且手臂伸展长度要长于身高。这样在划桨时，动力臂长，更具身体优势。尽管赛艇并非北大重点发展的优势体育项目，但连续失利的滋味着实不好受。于是，2003年，北大效仿清华，聘请国家

级教练员吴卫平担任主教练，并邀请时任国家赛艇队总教练的周琦年兼任北大赛艇队总教练。至此，两校的赛艇对抗赛逐渐褪去了娱乐性质，竞技性不断增强，双方甚至都像专业队一样开始了封闭集训。

2003 年，北京昆玉河的赛艇对抗赛被取消，此后，北大与清华在昆玉河上再未举办过“对抗赛”。关于取消原因，有队员表示是缺少赞助商，也有说法称昆玉河水域条件不佳，还有观点认为是水上项目管理中心对赛事支持不足等。

根据北大和清华 2010 年“高水平运动队建设项目”评估报告，清华赛艇队每年的经费为 50 万元；北大赛艇队总经费约 94 万元/年（其中包含北大体育基金和企业的赞助经费），人均 4.1 万元/年。赛艇项目的人均投入比其他运动队高出数倍（例如北大田径队的人均投入为 1.68 万元/年）。清华大学时任党委书记陈希在给研究生上课时，曾委婉表达过取消赛艇队的意愿，他认为赛艇项目成本过高，高校开展此类项目很不划算。2009 年底，清华体育冬令营取消了赛艇项目招生。巧合的是，北大同期的冬令营也未设置赛艇招生名额。在北大体育教研部主任郝光安看来，北方缺乏合适的训练场地、常年外训影响学生学业、高昂的资金投入，都是取消赛艇特长生招生的原因。

二、西安交通大学赛艇俱乐部

西安交通大学于 2009 年成立学生赛艇队，2014 年创办“灞河竞渡”品牌赛事，致力于在全国学生群体中推广赛艇运动，并参与国际化交流活动。在中国赛艇协会的支持下，自 2015 年起，每年五月中旬，由中国赛艇协会学校委员会、陕西省水上运动管理中心、西安交通大学共同主办的“灞河竞渡”赛事都会在西安灞河如期举行。九年间，该赛事吸引了 3 000 余名本硕博学生参与赛艇运动，参赛队伍包括 9 支书院队、3 支学院队及教工队等。2013 年，西安交通大学当选为中国赛艇协会学校委员会主任单位；2015 年，获中国赛艇协会授予“中国赛艇运动特别贡献单位”称号；2017 年 3 月，西安交通大学发起成立全国高校赛艇俱乐部联盟并担任联盟主席单位。

在国内赛事方面，西安交通大学成绩斐然，获得 2011 年中国杯冠军、2018 年全国大学生赛艇锦标赛三金一银等 70 余项荣誉，并在第 38 届和第 39 届香港赛艇锦标赛中分别摘得大学组 W8 + 金牌和 M8 + 金牌。在国际交流方面，西安交通大学鼓励学生积极参与国际赛事，赛艇队多次参加美国查尔斯河赛艇大赛、英国泰晤士河赛艇锦标赛、悉尼国际赛艇比赛和新西兰大学生赛艇公开赛等。2017 年 8 月，西安交通大学赛艇队代表中国参加加拿大亨利皇家赛艇大赛，充分展现了中国青年学子的良好精神风貌。西安交通大学赛艇队秉持“发展群众体育运动，培养集体主义、乐观主义的体育精神”的理念,以“打造‘交大特色’赛艇文化,培养具有国际视野的优秀人才”为目标,让同学们在“划着赛艇看世界”的过程中,推动这项古老而优雅的运动在中国高校中绽放活力与生机。

在管理模式方面,西安交通大学成立了国内高校赛艇俱乐部中首支学生管理团队,以“学生经理人”模式负责俱乐部的日常运营。学生经理人团队负责策划俱乐部的活动、制作日常俱乐部的宣传推送、联络赛艇队教练和各支队伍,以及制定训练计划。从俱乐部宣传、会员制注册、对外联络到日常训练等俱乐部运行的方方面面都由学生直接管理。

在队伍架构方面,在俱乐部协助下成立了 9 支书院队、3 支学院队及教工队,为赛艇运动提供了更接地气的发展平台。其中,西安交通大学教工队已有上百名成员,且是全国唯一坚持常态化训练的高校教工赛艇队伍。俱乐部突破了单一的校男女队训练模式,形成“经理人—校队—院队”的发展格局,每年接触赛艇运动的学生数量大大增加。校队与院队实行差异化训练模式:校队代表学校参加国家级和国际赛事,院队则通过良性竞争为校队输送人才,各书院、学院赛艇队也形成了独特的赛艇文化。集训是俱乐部组织的外出封闭式训练,以奠定技术基础、培养新人为核心,辅以体能储备。假期期间,队伍会前往陕西省水上中心、千岛湖国家水上中心等地开展集训。自 2010 年起,西安交通大学赛艇队获得社会爱心企业及知名校友的捐赠,在西安交通大学教育基金会设立赛艇专项基金,为赛艇队的发展与体育文化建设提供了坚实的保障。

第三节　国外高校赛艇俱乐部

一、牛津、剑桥赛艇队

牛津与剑桥作为世界顶尖学府,二者间的学术竞争由来已久。作为英格兰民族知识界的“双驾马车”,牛津与剑桥间的较量可谓源远流长。19 世纪 20 年代,两位分别就读于这两所名校的好友突发奇想:既然牛津和剑桥在学术领域难分高下,不如举行一次划船对抗赛来一决胜负。

牛津大学赛艇队和剑桥大学赛艇队分别成立于 1828 年和 1829 年。当时,在剑桥大学圣约翰学院就读的查尔斯·梅里维尔(Charles Merivale)向在牛津大学就读的好友查尔斯·华兹华斯(Charles Wordsworth)发起挑战,提议在泰晤士河进行八人赛艇挑战赛。1829 年 3 月 12 日,剑桥向牛津下了战书:“剑桥大学在此向牛津大学挑战，在伦敦或靠近伦敦的泰晤士河上进行一次 8 人赛艇比赛，时间定于复活节期间。"同年 6 月 10 日，赛艇挑战赛在伦敦泰晤士河牛津郡的亨利段举行，牛津大学在首次比赛中获胜，就此拉开了两校延续百年的赛艇对抗序幕。根据约定，上届失败者将成为下届挑战者。此后，剑桥和牛津分别于 1837 年和 1839 年建立了大学赛艇俱乐部，这一比赛传统便延续至今。

随着时间的推移，牛津剑桥赛艇对抗赛的规模和影响力与日俱增。历经 100 多年的积淀，这项校际传统比赛已成为世界上最负盛名的赛艇赛事。每年比赛期间，泰晤士河两岸观众云集，全球百余个国家和地区对赛事进行电视直播，数以百万计的观众通过屏幕观看比赛。比赛以普特尼桥（Putney Bridge）为起点，奇西克桥（Chiswick Bridge）为终点，全程 4.2 miles（约 6.8 km），这对参赛者的体力和耐力是极大的考验。牛津剑桥赛艇对抗赛已有 180 多年的历史，在英国的受关注程度堪比美国的 NBA 总决赛。赛艇作为英国最古老的运动之一，曾享有皇家体育项目的殊荣，再加上牛津和剑桥是英国最古老的两所大学，使得这项对抗赛备受瞩目。值得一提的是，与曾经因恶性竞争而中断的北大清华赛艇对抗赛不同，牛津和剑桥没有体育特招生制度，学校每年招生时不会刻意寻找或录取有赛艇或体育天赋的学生。正如校方强调的："最主要还是看学习成绩。"因此，包括奥运选手在内，两校赛艇队队员都是从普通学生中选拔出来，并在大学期间接受训练、逐渐成长起来的，并非体育特长生或专业运动员。不过，百余年来，两校实力始终不相上下，竞争异常激烈，赛艇对抗赛更是如此。大部分新队员都是从零起步，为了备战一年一度的对抗赛，两校可谓全力以赴。两校均采取封闭式训练，不欢迎对方教练或队员前来交流。为了获取对方的训练备战"情报"，剑桥大学赛艇队队员经常请牛津大学的朋友充当"眼线"，甚至直接安插"卧底"；牛津大学也会采取类似策略，赛前气氛格外紧张。

俱乐部的资金主要来源于校友捐赠，由专门的基金会负责资金的管理与运作。在人员架构方面，队员根据训练水平被划分为第一梯队、第二梯队等。日常训练以队员自主组织为主，待达标后方可进入相应梯队。教练主要负责第一梯队的训练。俱乐部设有专职管理员，负责制定训练计划和人员管理工作。

二、哈佛、耶鲁赛艇队

在美国，赛艇是除篮球、棒球之外最受民众喜爱的运动之一，尤其在高校中的普及程度相当高。耶鲁大学赛艇队和哈佛大学赛艇队分别成立于 1843 年和 1852 年，两校于 1852 年进行了首次赛艇对抗赛，由此开创了北美高校体育运动的新纪元。与牛津剑桥赛艇对抗赛那种剑拔弩张的氛围不同，哈佛和耶鲁的比赛氛围轻松愉悦得多，尽显纯粹的美式风格。两校的许多队员彼此都是好友，他们经常同桌吃饭，交流训练心得，探讨赛艇过程中遇到的问题以及改进方法。

第四节　国内外赛艇俱乐部管理经验总结

英美的赛艇文化非常深入人心，以美国查尔斯河赛艇大赛为例，尽管参赛规模超过三千条艇，但主办方仅负责赛事报名、场地安排等一小部分组织工作，绝大多数协调资源、组织训练等事务均由各参赛队伍自主完成。这种模式要求队伍独立、主动地参与到赛事中。现场既没有严密的安保，也没有苛刻的参赛和观赛要求，然而参赛队却能井然有序地下水、上岸，民众也能自发且有秩序地观赛，这得益于当地深厚的赛艇文化底蕴。与国内相比，国外参赛队伍的运动员往往拥有五年甚至十年的赛艇训练经验。查尔斯河周边分布着许多艇库，每天都有很多中小学生在这里认真练习赛艇。高校赛艇队伍的水平很高，无论是水上技术还是队员的身体素质，均显著优于国内选手。这得益于科学的训练体系、高强度的训练量以及激烈的人才竞争机制等因素。

我国体教分离的体制与赛艇运动的高门槛特性决定了赛艇难以实现大众化普及。除体育高校或专业运动队外，绝大多数人在大学之前很少有机会接触赛艇运动。因此，高校往往成为人们接触赛艇的起点，成立高校赛艇俱乐部就显得尤为重要。然而，作为大学生体育运动项目，赛艇具有耗资巨大且排他性强的特点。一条进口的 8 人艇，最贵的可达 56 万元，最普通的也需要 30 多万元。一个队伍通常配备两条艇，一条是比赛艇，另一条是训练艇。以四年为一个周期，期满就要换新艇。相比之下，篮球、乒乓球等运动耗资小、易开展。

高校若想发展赛艇运动，至少需要具备以下基础条件：第一，要有资金支持，不论是学校拨款、校友捐赠还是企业赞助，这些资金将被用于相关设备的购置与维护保养，为赛艇运动提供硬件保障；第二，需具备适宜的水域条件，要么校内有河道，要么学校临近水上活动中心，以便于活动开展；第三，要有专业教练员进行指导，只有通过科学专业的训练，才能提升训练水平，助力赛艇队在比赛中取得优异成绩。此外，高校还应积极组织赛艇队参与各类比赛，通过实战提升竞技水平，扩大影响力。这不仅能激励队员，也有助于赛艇运动的对外宣传推广。同时，要健全俱乐部管理体制，完善队伍架构。随着俱乐部规模的不断扩大，组建管理团队是实现可持续发展的必要保障。

通过对北大、清华赛艇队的发展历程进行分析，可以得出以下结论：仅依靠学校资金扶持难以实现赛艇运动的可持续发展，且该模式易受到行政力量干预；仅靠体育特长生无法推动普通高校赛艇运动的可持续发展和群众化普及；高校开展赛艇运动的宗旨不应仅仅局限于追求比赛名次，而应将普及运动、推动其在高校发展壮大并提升认知度作为出发点。否则，俱乐部可能会陷入发展困境，出现唯成绩论或恶性竞争等问题。

因此，在俱乐部管理模式方面，不能完全照搬体育特长生运动队的管理模式。结合同济大学赛艇俱乐部的现行管理方式，拟采用如下方案。

一、协会宗旨

普及赛艇知识，推广赛艇运动，发扬赛艇文化，培养赛艇健身意识。

二、管理架构

俱乐部设理事会，由理事会统筹管理俱乐部的各项事务。理事会成员包括经理、队长和各部门负责人。经理负责召集会议、商讨重大活动及俱乐部管理运营事宜。

三、部门职能体系

1. 秘书处

秘书处主要协助经理协调各部门工作，负责草拟各类规章制度，管理协会内部资料及财务事务。秘书处配备一名会计，该会计主要负责协会的日常财务工作。

2. 宣传部

宣传部主要负责协会的宣传活动，以多种形式在校内展示协会日常活动；同时，还需面向社会宣传同济大学赛艇俱乐部，提升其社会知名度。

宣传部下设海报组、摄影组和网络组，具体分工如下：

（1）海报组负责将协会近期的重要通知制作成快讯，在各楼道进行张贴；在协会举办大型活动时，制作海报、横幅，并将其张贴或悬挂于学生流动密集的区域。

（2）摄影组使用相机或摄像机记录活动影像，并留存相关资料用于制作视频剪影等。

（3）网络组主要负责建立并维护协会的官方网站、论坛和公众号，平时在网上发布协会的重要活动信息。

3. 外联部

外联部是各类协会普遍设置的部门，其职责清晰明确：一是负责协会与友好团体、个人、社会媒体及相关单位之间的联络沟通工作；二是收集、整理、分发对外交流资料，同时组织各类讲座以及俱乐部大型会议（如年终总结会）；三是为协会各项活动的顺利开展筹集资金。

4. 科创部

科创部主要负责俱乐部的科研创新相关工作，涵盖创新创业项目的研究与申报、专利申请、论文发表，以及与社会相关企业部门的科创联系等。科创部致力于将俱乐部打造成为具备科研底蕴的创新基地，让学生在参与体育锻炼的同时，能够积极投身科创实践活动。

5. 队务部

队务部主要负责组织协会的日常训练活动，该部门下设训练组、竞赛组和队医组，由队长负责管理。各组的具体职责如下：

（1）训练组负责赛艇技术、游泳技术和划船器技术的培训工作，安排日常训练的时间、地点，制定训练计划，记录训练签到及成员积分统计。

（2）竞赛组主要组织协会内部比赛及与其他高校赛艇协会的交流比赛和重要赛事，发布比赛通知并召集参赛成员。

（3）队医组作为水上运动的安全保障部门，负责突发事故救助、队医培训及水上运动安全保护人员的培养。在协会组织的各类比赛中，队医组需全程负责安全保障工作。此外，队医组还负责赛艇和划船器等设备的日常维护与保养。

目前，部门设置主要基于校队层面。未来，拟发展学院赛艇队。各学院赛艇队可参照校级架构设置相关部门进行管理，并在校队的统筹下开展各项活动。在学校赛艇发展模式方面，可借鉴西安交通大学的成功经验。除现有的校队男女赛艇队外，拟构建校队与院队协同发展的新格局：校队将代表学校参加国家级以及国际赛事，院队间则通过相互学习与良性竞争为校队输送优秀人才，同时每个学院赛艇队也应培育独具特色的赛艇文化。通过对国内外赛艇发展情况的深入调研发现，许多俱乐部为提升知名度、打造特色赛艇文化，均拥有自主赛事品牌，如清华北大对抗赛、牛津剑桥赛艇对抗赛、耶鲁哈佛对抗赛、“灞河竞渡”挑战赛等。基于此，同济大学未来也可结合自身特点和优势，着力打造具有同济特色的品牌赛事，形成专属赛艇文化名片。

赛艇运动在欧美国家历经百余年的沉淀与发展，才形成如今家喻户晓的赛艇文化。近年来,国内赛艇运动的热度持续攀升,越来越多的高校相继成立了赛艇队,但队伍水平参差不齐。各高校需结合自身实际情况,科学合理地开展赛艇运动,共同推动这项运动的普及与发展。

参考文献

[1] 中国国家体育总局.赛艇[M].北京:人民体育出版社,1999.
[2] 曹景伟.我国优秀女子赛艇运动员体能水平的有效指标及其评价模型[J].体育科学,1999(1):40-44.
[3] 易清,吴添,刘鸿优,等.基于不同分段方式和速度类型的赛艇配速策略研究[J].中国体育科技,2022,58(11):26-31.
[4] 王振铎.近十届奥运会赛艇项目成绩变化特征研究及对我国启示[J].体育科技文献通报,2022,30(8):16-19.
[5] 袁凌峰,刘明思.英国赛艇协会治理模式对我国体育后备人才培养的启示[J].青少年体育,2022(7):55-57.
[6] 邵军平,邵法祥,王剑君.一种划桨角度可调赛艇:CN202123400749.X[P].2022-07-22.
[7] HOLT A C, AUGHEY R J, BALL K, et al. Technical determinants of on-water rowing performance[J]. Frontiers in Sports and Active Living, 2020, 2: 589013.
[8] WARMENHOVEN J, SMITH R, DRAPER C, et al. Force coordination strategies in on-water single sculling: are asymmetries related to better rowing performance? [J]. Scandinavian Journal of Medicine & Science in Sports, 2018, 28(4): 1379-1388.
[9] CUIJPERS L S, PASSOS P J M, MURGIA A, et al. Rocking the boat: does perfect rowing crew synchronization reduce detrimental boat movements? [J]. Scandinavian Journal of Medicine & Science in Sports, 2017, 27(12): 1697-1704.
[10] FOHANNO V, NORDEZ A, SMITH R, et al. Asymmetry in elite rowers: effect of ergometer design and stroke rate[J]. Sports Biomechanics, 2015, 14(3): 310-322.
[11] BUCKERIDGE E M, BULL A M J, MCGREGOR A H. Biomechanical determinants of elite rowing technique and performance[J]. Scandinavian Journal of Medicine & Science in Sports, 2015, 25(2): 176-183.
[12] BUCKERIDGE E M, BULL A M J, MCGREGOR A H. Foot force production and asymmetries in elite rowers[J]. Sports Biomechanics, 2014, 13(1): 47-61.